매일 스스로 공부하는

맞춤법 어휘력

1단계
초등 1~2학년

꿈씨앗연구소 지음

BM (주)도서출판 성안당

머리말

독해력의 기본은 어휘력입니다

글을 읽고 뜻을 이해하는 능력을 '독해력'이라고 합니다. 독해력은 모든 학습에 있어 가장 중요한 능력입니다. 독해력을 키우기 위해서는 언어의 기본인 어휘력이 필요합니다. 이 책은 학년별로 알아야 할 필수 어휘들을 학습하고 활용할 수 있도록 구성되어 있어, 국어 실력뿐만 아니라 모든 학습 능력의 향상에 도움이 됩니다.

글쓰기의 기본은 올바른 맞춤법입니다

일기, 독후감과 같은 글쓰기뿐만 아니라 학교의 평가 방식이 주관식이나 서술형으로 바뀌면서 글쓰기가 더욱 중요해지고 있습니다. 내용이 아무리 좋아도 맞춤법과 띄어쓰기가 엉망이면 좋은 점수를 받기 어렵습니다. 좋은 글의 첫걸음은 올바른 맞춤법과 적절한 어휘 사용입니다.

스스로 하는 공부가 가장 효과적입니다

어떻게 하면 가장 효과적으로 공부할 수 있을까요? 그것은 바로 어린이들 스스로 재미있게 공부하는 것입니다. 이 교재는 교과서에서 뽑은 필수 어휘들과 자주 헷갈리는 맞춤법, 띄어쓰기, 국어 문법, 배경 지식 등을 쉽고 재미있게 학습하도록 구성되어 있습니다.

학년별로 교과 과정과 발달 수준에 맞게 각 단계가 구성되어 있지만, 아이의 수준에 맞는 단계부터 차근차근 학습하길 바랍니다.

꿈씨앗연구소

책은 많이 읽는 것보다 제대로 읽어야 합니다

대다수 아이들이 초등학교 입학 전부터 책도 많이 읽고 한글 교육도 받습니다. 하지만 높은 교육열과 상관없이 글을 읽고 이해하는 데 어려움을 겪는 아이들이 점점 늘고 있습니다. 글을 읽을 수 있다고 해서 내용까지 완벽하게 이해하는 것은 아닙니다. 하루에 책 10권을 읽더라도 제대로 읽지 않으면 아무 소용이 없습니다. 제대로 읽는다는 것은 글을 글자로만 읽고 넘어가는 것이 아니라 머리로 이해하며 읽는 것을 의미합니다. 글을 제대로 이해하는 읽기 능력은 바로 어휘력에 따라 결정됩니다. 어휘력은 단기간에 높일 수 있는 능력이 아니므로 매일 꾸준히 익히고 활용해야 합니다. 이 책을 통해 어린이들이 어휘를 재미있게 배우기를 기대합니다.

영선초등학교 교사 이현승

독해력이 학습 능력을 좌우합니다

초등학교 때까지 국어 성적이 좋았던 학생도 중학교에서 성적이 떨어지는 경우가 많습니다. 중학교 국어는 어휘의 수준도 높아지고, 내용도 어려워지므로 독해력이 부족한 학생의 경우 많이 힘들어합니다. 독해력은 학업 성취도의 기본이자 핵심입니다. 읽어도 무슨 뜻인지 모른다면 공부하기 싫어지고 결국 학습 능력도 떨어집니다. 어휘력은 글을 이해하는 가장 중요한 요인입니다. 어휘를 얼마나 많이 알고 있느냐에 따라 지식이 확장되고 독해력도 향상됩니다. 하지만 독해력과 어휘력은 단시간에 키울 수 없으므로 초등학교 6년 동안 차근차근 실력을 쌓아야 합니다. 이렇게 쌓인 국어 실력은 평생 영향을 미칩니다. 이 책이 어린이들의 국어 실력을 키우는 훌륭한 조력자가 되길 바랍니다.

갈산중학교 국어 교사 김혜정

 ## 어려운 낱말부터 배경 지식까지 일석이조

교과 과정에 나오는 기본 낱말부터 다양한 배경 지식까지 배울 수 있게 구성하였습니다.

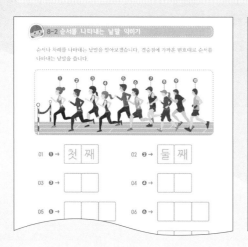

다양한 어휘 재미있게 공부하기

선 긋기, 초성 퀴즈, 낱말 찾아 문장 완성하기와 같은 재미있는 방법으로 다양한 어휘를 배우며,
실전 예문을 통해 표현력도 키울 수 있습니다.

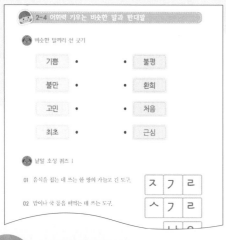

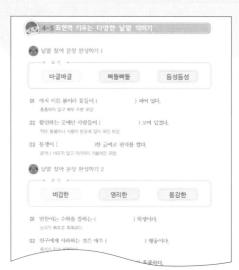

헷갈리는 맞춤법 완벽하게 이해하기

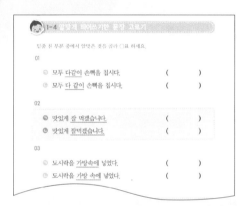

 ## 띄어쓰기 이해하고 활용하기

바른 글씨 쓰고 속담 익히기

스스로 글씨의 문제점을 찾아 누구나 알아 볼 수 있도록 바르게 글씨 쓰는 방법을 알려 줍니다.
바른 글씨로 속담을 쓰면서 속담 내용도 익힐 수 있습니다.

목 차

별책 ㅣ 정답 및 해설

매스공으로 실력 키우는 방법

맞춤법 어휘력

이 책은 어린이 스스로 재미있게 공부하도록 구성되어 있습니다. 다음에 소개되는 방법을 참고하면 누구나 어휘 왕이 될 수 있습니다.

 ## 틀린 답을 완전한 내 것으로 만들기

이 책은 정답을 맞히기 위한 교재가 아니라 내가 무엇을 알고, 모르는지를 확인할 수 있는 교재입니다. 틀린 답은 자신이 몰랐던 것을 알려 주는 고마운 존재이므로 잘 모르거나 틀린 문제로 예문을 만들어 완전히 이해하고 넘어갑니다.

 ## 나만의 어휘 사전 만들기

책이나 글을 읽다가 모르는 낱말이 나오면 사전에서 의미를 찾습니다. 낱말로 만든 예문도 읽고, 비슷한 말과 반대말까지 읽는다면 보다 풍부하게 어휘를 확장하여 배울 수 있습니다.

 ## 배운 낱말과 표현은 꼭 사용해 보기

새로 알게 된 낱말이나 좋은 표현은 일기나 독서록 등과 같은 글을 쓸 때 꼭 써 봅니다. 아무리 어려운 어휘라도 몇 번 쓰다 보면 자연스럽게 쓸 수 있게 됩니다.

01 맞춤법 • 어휘력 국어 실력 1단원

1-1 한글을 만드는 자음과 모음

한글은 자음과 모음을 이용하여 글자를 만듭니다. 자음은 모두 '14'개이고, 모음은 '10'개입니다.

자음(14자)	ㄱ ㄴ ㄷ ㄹ ㅁ ㅂ ㅅ ㅇ ㅈ ㅊ ㅋ ㅌ ㅍ ㅎ
모음(10자)	ㅏ ㅑ ㅓ ㅕ ㅗ ㅛ ㅜ ㅠ ㅡ ㅣ

반드시 자음과 모음을 함께 써야 글자가 완성됩니다. 만약 '**아기**'라는 낱말을 쓴다면, 자음 'ㅇ'과 모음 'ㅏ'를 합쳐 '**아**'를 만들고, 자음 'ㄱ'과 모음 'ㅣ'를 합쳐 '기'를 만듭니다.

아 ▶	ㅇ + ㅏ
	자음 모음
기 ▶	ㄱ + ㅣ
	자음 모음

달 ▶	ㄷ + ㅏ + ㄹ
	자음 모음 자음
걀 ▶	ㄱ + ㅑ + ㄹ
	자음 모음 자음

실전 연습 그림을 보고 글자를 쓴 후, 각각의 글자를 자음과 모음으로 나눠 씁니다.

01

$\dfrac{}{\text{자음}} + \dfrac{}{\text{모음}}$

$\dfrac{}{\text{자음}} + \dfrac{}{\text{모음}}$

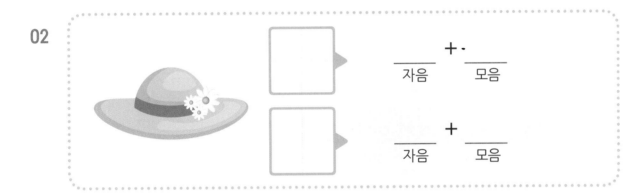

02

$\dfrac{}{\text{자음}} + \dfrac{}{\text{모음}}$

$\dfrac{}{\text{자음}} + \dfrac{}{\text{모음}}$

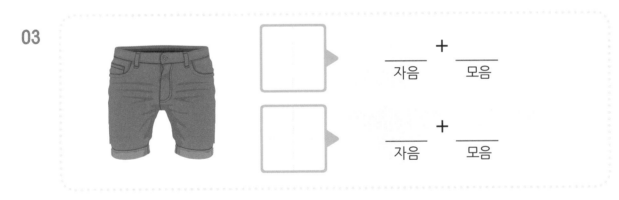

03

$\dfrac{}{\text{자음}} + \dfrac{}{\text{모음}}$

$\dfrac{}{\text{자음}} + \dfrac{}{\text{모음}}$

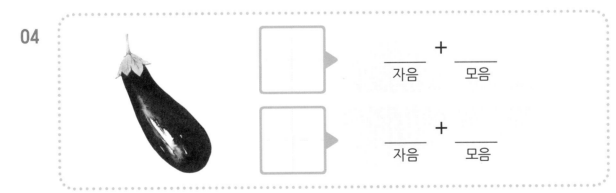

04

$\dfrac{}{\text{자음}} + \dfrac{}{\text{모음}}$

$\dfrac{}{\text{자음}} + \dfrac{}{\text{모음}}$

1-2 어휘력 키우는 비슷한 말과 반대말

🦁 비슷한 말끼리 선 긋기

얼굴 • • 냇물

동무 • • 낮

환송 • • 친구

개울 • • 배웅

🦁 낱말 초성 퀴즈 1

01 서 있거나 걸을 때 발을 보호하기 위해 신는 것.

ㅅ ㅂ

02 학생을 가르치는 사람.

ㅅ ㅅ ㄴ

03 땅과 물에서 살며 울음주머니로 소리 내는 동물.

ㄱ ㄱ ㄹ

04 팔목에 멋으로 끼는 장식품.

ㅍ ㅉ

반대말끼리 선 긋기

개학	•	•	반대
찬성	•	•	방학
짝수	•	•	패배
승리	•	•	홀수

 낱말 초성 퀴즈 2

01 매우 크고 물고기처럼 생긴, 바다에 사는 포유류. ㄱ ㄹ

02 책이나 공책, 필통 등을 넣고 다니는 가방. ㅊ ㄱ ㅂ

03 그림을 그리는 데 쓰는 종이. ㄷ ㅎ ㅈ

04 주로 밤에 활동하며, 앞다리가 날개처럼 변형되어 날아다니는 동물. ㅂ ㅈ

1-3 표현력 키우는 다양한 낱말 익히기

낱말 찾아 문장 완성하기 1

보 기

성큼성큼   **깡충깡충**   **폴짝폴짝**

01 토끼가 (   ) 뛰어갑니다.

짧은 다리를 모으고 자꾸 힘 있게 솟구쳐 뛰는 모양.

02 청개구리가 (   ) 뛰어 달아납니다.

작은 것이 자꾸 세차고 가볍게 뛰어오르는 모양.

03 현규는 상자를 번쩍 들고 (   ) 걸었다.

다리를 계속해서 높이 들어 크게 떼어 놓는 모양.

 ### 낱말 찾아 문장 완성하기 2

보 기

창피한   **서운한**   **지루한**

01 친구와 헤어지려니 (   ) 마음이 들었다.

생각처럼 되지 않아 만족스럽지 못하다.

02 그 수업은 답답하고 (   ) 시간이었다.

같은 상태가 계속되어 싫증이 나고 따분하다.

03 길에서 (   ) 줄도 모르고 큰 소리로 싸웠다.

체면이 깎이는 어떤 일이나 사실 때문에 몹시 부끄럽다.

낱말 찾아 문장 완성하기 3

보 기

| 데친다 | 으깬다 | 무친다 |

01 채소를 끓는 물에 살짝 (   ).
끓는 물에 잠깐 넣어 살짝 익히다.

02 콩나물에 소금을 넣고 손으로 (   ).
나물 등에 양념을 넣고 골고루 섞다.

03 샌드위치에 넣을 삶은 감자를 눌러 (   ).
굳은 물건이나 덩어리를 눌러 부스러뜨리다.

 낱말 찾아 문장 완성하기 4

보 기

| 채웠다 | 걸쳤다 | 둘렀다 |

01 밤이 되니 추워져 담요를 (   ).
옷이나 장신구를 가볍게 입거나 걸다.

02 혼자서 옷의 단추를 모두 (   ).
단추 따위를 구멍 같은 데 넣어 걸다.

03 할머니께서 만들어 주신 목도리를 (   ).
목도리, 수건, 치마 등을 몸에 감다.

1-4 알맞게 띄어쓰기한 문장 고르기

밑줄 친 부분 중에서 알맞은 것을 골라 ○표 하세요.

01

ㄱ 모두 <u>다같이</u> 손뼉을 칩시다.   (   )

ㄴ 모두 <u>다 같이</u> 손뼉을 칩시다.   (   )

02

ㄱ 맛있게 <u>잘 먹겠습니다.</u>   (   )

ㄴ 맛있게 <u>잘먹겠습니다.</u>   (   )

03

ㄱ 도시락을 <u>가방속에</u> 넣었다.   (   )

ㄴ 도시락을 <u>가방 속에</u> 넣었다.   (   )

04

ㄱ 책을 <u>읽고 있습니다.</u>   (   )

ㄴ 책을 <u>읽고있습니다.</u>   (   )

05

ㄱ <u>더열심히</u> 노력하자.   (   )

ㄴ <u>더 열심히</u> 노력하자.   (   )

1-5 헷갈리는 맞춤법 바로잡기

다음 두 개의 낱말 중에서 맞는 것을 골라 ○표 하세요.

01 누나와 함께 〔복음밥 / 볶음밥〕을 만들었다.

02 시원한 그늘로 자리를 〔옴겼다 / 옮겼다〕.

03 미국에 계신 〔외삼촌 / 외삼춘〕께서 오셨다.

04 속상하면 울어도 〔괜찬아 / 괜찮아〕!

05 동생이 만든 〔비누방울 / 비눗방울〕을 터트리며 놀았다.

06 수현이에게 〔지우개 / 지우게〕를 빌렸다.

1-6 바른 글씨로 자음 쓰기 1

바른 글씨를 위한 기본 규칙

1. 연필을 바르게 잡고 씁니다.

연필 끝에서 2.5cm 정도 위를 잡습니다. 중지로 연필을 받치고, 엄지와 검지로 가볍게 집듯이 잡습니다. 손바닥 옆을 바닥에 붙인 채 글씨를 씁니다.

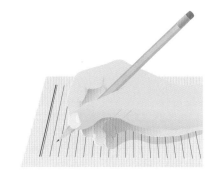

2. 선은 반듯반듯하게 씁니다.

선이 반듯하지 않으면 미운 글씨가 되므로, 선을 반듯하게 씁니다.

〈미운 글씨〉　　〈바른 글씨〉

3. 선의 길이와 간격을 맞춥니다.

오른쪽과 왼쪽, 위아래 선의 길이와 간격을 맞춰 씁니다.

〈미운 글씨〉　　〈바른 글씨〉

바른 글씨로 자음 쓰기

자음을 순서에 따라 바르게 쓰는 연습을 합니다.

ㄱ은 가로선을 쓴 후 세로선을 씁니다.
선이 곧게 써지도록 천천히 쓰세요.

ㄴ은 위에서 아래로 곧게 씁니다.
세로선과 가로선의 길이를 비슷하게 쓰세요.

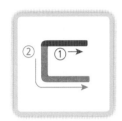

ㄷ은 ①을 곧게 쓴 후, ②를 한번에 씁니다.
ㄷ의 양끝 길이를 같게 씁니다.

ㄹ은 ①②③ 순서대로 곧게 씁니다.
ㄹ의 앞뒤 길이와 위아래 간격을 같게 씁니다.

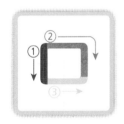

ㅁ은 세 번(①②③) 선을 그어 완성합니다.
밖으로 선이 나가지 않게 반듯하게 씁니다.

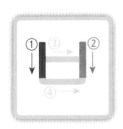

ㅂ은 세로선 ①과 ②를 곧게 쓴 후, 가로선 ③과 ④도 곧게
씁니다. 선의 길이와 간격을 비슷하게 씁니다.

2-1 자음 이름 바르게 읽기

자음의 이름은 읽으려는 자음이 첫소리와 끝소리(받침)에 들어갑니다. 예를 들어 자음 'ㄴ'의 이름은 첫소리가 'ㄴ'으로 시작하고, 받침이 'ㄴ'으로 끝나서 '니은'으로 읽습니다. 'ㄱ, ㄷ, ㅅ'을 제외한 나머지 자음 이름은 'ㅣ' 앞과 '으' 받침에 해당 자음을 넣어 읽으면 됩니다. 예를 들어 'ㄹ'은 '리을'로 읽고, 'ㅂ'은 '비읍'으로 읽습니다.

모음 'ㅣ' 앞에 해당 자음을 넣습니다.

모음 '으' 아래 받침에 해당 자음을 넣습니다.

ㄴ 니 은   ㄹ 리 을

 자음 ㄱ, ㄷ, ㅅ 읽는 방법

자음 ㄱ, ㄷ, ㅅ의 이름을 읽는 방법은 위의 규칙과 조금 다릅니다. 첫소리와 받침에 같은 자음이 들어가는 것은 같지만, '으' 모음이 아닌 다른 모음이 들어갑니다.

ㄱ 기 역

첫소리와 받침에 'ㄱ'을 넣고, 모음 '여'를 넣어 읽습니다.

ㄷ 디 귿

첫소리와 받침에 'ㄷ'을 넣고, 모음 '그'를 넣어 읽습니다.

ㅅ 시 옷

첫소리와 받침에 'ㅅ'을 넣고, 모음 '오'를 넣어 읽습니다.

2-2 자음 이름 바르게 쓰고 익히기

앞의 자음 읽는 규칙을 참고하여 다음 빈칸에 알맞은 자음 이름을 쓰세요.

자음	자음 이름	자음	자음 이름
ㄱ	기역	ㅇ	
ㄴ		ㅈ	지읒
ㄷ	디귿	ㅊ	
ㄹ		ㅋ	키읔
ㅁ		ㅌ	
ㅂ		ㅍ	
ㅅ	시옷	ㅎ	히읗

2-3 자음 넣어 낱말 완성하기

01

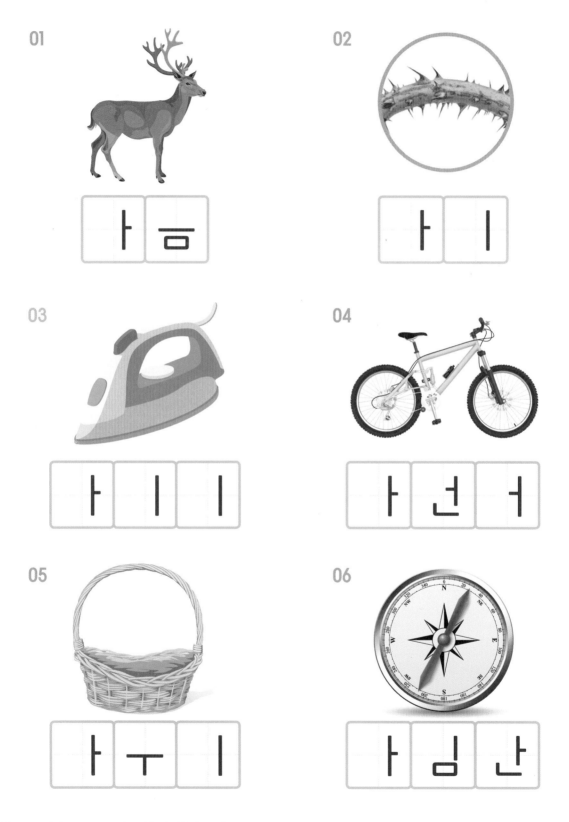

ㅏ ㅡ

02

ㅏ ㅣ

03

ㅏ ㅣ ㅣ

04

ㅏ ㅗ ㅓ

05

ㅏ ㅜ ㅣ

06

ㅏ ㅁ ㅏ

07

ㅏ	ㅕ

08

감	ㅏ

09

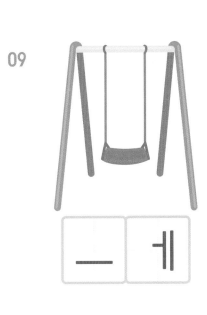

ㅡ	ㅔ

10

문	ㅓ

11

달	생	ㅣ

12

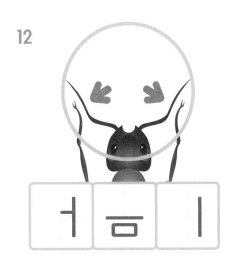

ㅓ	늠	ㅣ

2-4 어휘력 키우는 비슷한 말과 반대말

 비슷한 말끼리 선 긋기

기쁨	•	•	불평
불만	•	•	환희
고민	•	•	처음
최초	•	•	근심

낱말 초성 퀴즈 1

01 음식을 집는 데 쓰는 한 쌍의 가늘고 긴 도구.

| ㅈ | ㄱ | ㄹ |

02 밥이나 국 등을 떠먹는 데 쓰는 도구.

| ㅅ | ㄱ | ㄹ |

03 주로 가을에 나무에서 잎이 떨어지는 것.

| 낙 | ㅇ |

04 아직 다 자라지 못한 새끼 닭.

| ㅂ | ㅇ | 리 |

반대말끼리 선 긋기

손님 •	• 암탉
기쁨 •	• 주인
수탉 •	• 구속
자유 •	• 슬픔

 낱말 초성 퀴즈 2

01 의사와 간호사가 병든 사람을 치료해 주는 곳.

ㅂ ㅇ

02 시력이 나쁜 사람이 잘 볼 수 있도록 눈에 쓰는 것.

ㅇ ㄱ

03 학생이 되어 공부하기 위해 학교에 들어감.

ㅇ 학

04 손으로 잡고 흔들어 바람을 일으키는 도구.

부 ㅊ

2-5 표현력 키우는 다양한 낱말 익히기

 낱말 찾아 문장 완성하기 1

보 기

사뿐사뿐   아장아장   엉금엉금

01 거북이처럼 (   ) 기어서 밖으로 나왔다.

큰 동작으로 느리게 걷거나 기어가는 모양.

02 두 살 된 아기가 (   ) 걷기 시작하였다.

키가 작은 사람이나 짐승이 이리저리 찬찬히 걷는 모양.

03 그 소녀는 발걸음도 가볍게 (   ) 걸었다.

소리가 나지 않도록 발을 내디디며 걷는 모양.

 낱말 찾아 문장 완성하기 2

보 기

따끔한   축축한   뜨끈한

01 날이 추워 (   ) 어묵이 먹고 싶다.

꽤 뜨뜻하고 더운 느낌이 있다.

02 예방 주사는 약간 (   ) 정도였다.

찔리거나 꼬집히는 것처럼 아프다.

03 그는 비에 젖어 (   ) 신발을 신고 다녔다.

물기가 있어 꽤 젖은 듯하다.

낱말 찾아 문장 완성하기 3

보 기

둥그런   뾰족한   푹신한

01 (   ) 이불을 덮으면 잠이 잘 온다.
조금 푸근하게 부드럽고 탄력이 있다.

02 가족들이 (   ) 탁자에 모여 앉았다.
뚜렷하게 둥글다.

03 (   ) 연필심에 손끝을 찔렸다.
물체의 끝이 가늘고 날카롭다.

 낱말 찾아 문장 완성하기 4

보 기

끄덕였다   엎드렸다   쓰다듬었다

01 지진이 나서 바닥에 납작 (   ).
배가 아래로 향하게 하여 몸 전체를 바닥에 대다.

02 강아지의 머리를 (   ).
손으로 살살 쓸어 어루만지다.

03 나의 물음에 친구는 고개를 (   ).
머리를 가볍게 아래위로 움직이다.

2-6 알맞게 띄어쓰기한 문장 고르기

밑줄 친 부분 중에서 알맞은 것을 골라 ○표 하세요.

01

㉠ 우리는 언제나 <u>함께다녀요.</u>　　　　(　　　　)

㉡ 우리는 언제나 <u>함께 다녀요.</u>　　　　(　　　　)

02

㉠ 앞으로 심부름도 <u>더잘할게요.</u>　　　　(　　　　)

㉡ 앞으로 심부름도 <u>더 잘할게요.</u>　　　　(　　　　)

03

㉠ 가족들 의견이 <u>서로 다르다.</u>　　　　(　　　　)

㉡ 가족들 의견이 <u>서로다르다.</u>　　　　(　　　　)

04

㉠ 골고루 먹으면 몸이 <u>튼튼해 집니다.</u>　　　　(　　　　)

㉡ 골고루 먹으면 몸이 <u>튼튼해집니다.</u>　　　　(　　　　)

05

㉠ 어두워서 아무것도 <u>보이지않았다.</u>　　　　(　　　　)

㉡ 어두워서 아무것도 <u>보이지 않았다.</u>　　　　(　　　　)

2-7 헷갈리는 맞춤법 바로잡기

다음 두 개의 낱말 중에서 맞는 것을 골라 ○표 하세요.

01 친구들과 신나게 놀다가 [해어졌다 / 헤어졌다].

02 나는 푹신한 [베개 / 배개]를 좋아한다.

03 [애벌레 / 애벌래]가 꿈틀꿈틀 나무에 오른다.

04 매일 수학 [문재집 / 문제집]을 세 장씩 푼다.

05 파란 하늘에 [뭉개구름 / 뭉게구름]이 두둥실 떠 있다.

06 지수야, 자려면 침대에 [누어라 / 누워라].

2-8 바른 글씨로 자음 쓰기 2

자음을 순서에 따라 바르게 쓰는 연습을 합니다.

ㅅ은 ①을 쓴 후 ①의 중간보다 약간 위쪽에서 ②를 씁니다.
양쪽 끝의 길이를 비슷하게 맞춰 씁니다.

ノ	人	人					

ㅇ을 한번에 쓰면 찌그러지기 쉬우므로, 아래와 같이 원을 그릴
때 반씩 나누어 씁니다.

ㅈ은 ①을 쓴 후 ①의 중간쯤에 ②를 씁니다.
양옆과 아래쪽 끝을 맞춰 씁니다.

フ	ス	ス					

ㅊ은 맨 위에 ①을 쓴 후, ㅈ을 쓸 때와 같은 방법으로 ②와 ③을
씁니다. 양옆과 아래쪽 끝을 맞춰 씁니다.

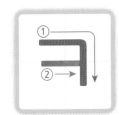

ㅋ은 ㄱ을 쓸 때와 같은 방법으로 ①을 쓴 후, 왼쪽 선 끝과
위아래 간격을 맞춰 ②를 씁니다.

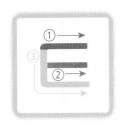

ㅌ은 가로선 ①과 ②를 곧게 쓴 후, ③을 곧게 씁니다.
오른쪽 선 끝과 위아래 간격을 맞춰 씁니다.

ㅍ은 가로선 ①을 쓴 후, 세로선 ②와 ③을 비슷한 간격으로
씁니다. 마지막으로 가로선 ④를 ①과 같은 길이로 씁니다.

ㅎ은 맨 위에 ①을 쓴 후, ①보다 길게 가로선 ②를 곧게 씁니다.
아래 원을 찌그러지지 않게 동그랗게 씁니다.

맞춤법 • 어휘력 국어 실력 3단원

 3-1 모음 이름 바르게 읽기

모음의 이름은 자음 이름보다 간단합니다. 모음 앞에 'ㅇ'만 붙이면 모음 이름이 됩니다.

모음	ㅏ ㅑ ㅓ ㅕ ㅗ ㅛ ㅜ ㅠ ㅡ ㅣ
모음 이름	아 야 어 여 오 요 우 유 으 이

 모음 순서 외우기

국어사전에서 낱말을 찾으려면 모음 순서를 외워야 합니다. 다음과 같이 모음을 네 글자씩 나누어 노래 부르듯 외우면 쉽게 기억할 수 있습니다.

♪♪ 아 야 어 여 ♪♬ 오 요 우 유 ♪♩ 으 이

 자음과 모음으로 글자 만들기

예 ㄱ + ㅏ = 가   ㅇ + ㅑ = 야

01 ㄴ + ㅓ = ☐   02 ㄹ + ㅕ = ☐

03 ㅁ + ㅗ = ☐   04 ㅈ + ㅜ = ☐

3-2 모음 순서 외우고 구분하기

다음 빈칸에 들어갈 모음을 순서대로 쓰세요.

낱말을 자음과 모음으로 나누기

실전 연습 그림이 나타내는 낱말을 쓴 후 자음과 모음으로 나누세요.

01

02

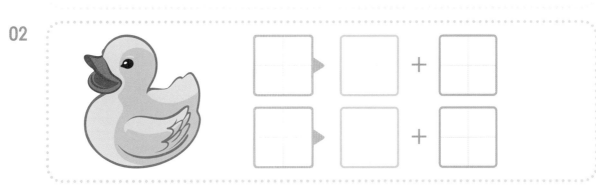

3-3 모음 넣어 낱말 완성하기

01
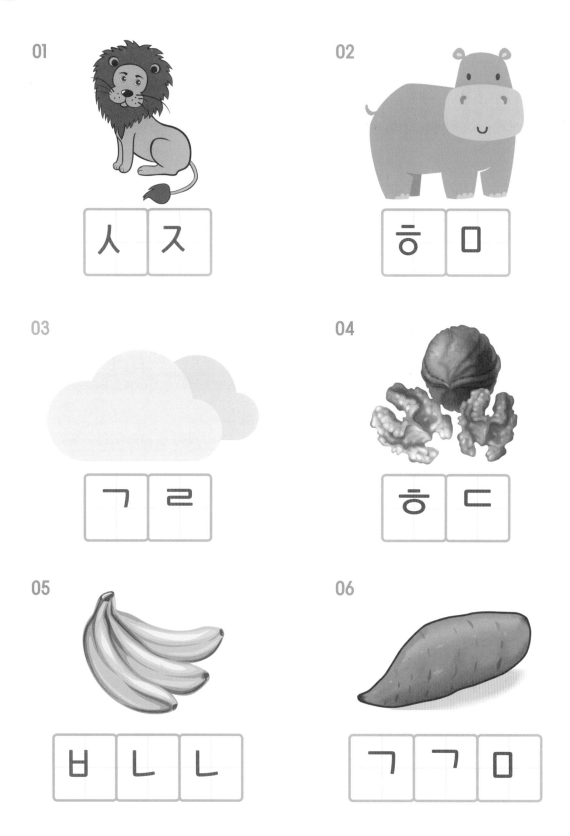

ㅅ	ㅈ

02

ㅎ	ㅁ

03

ㄱ	ㄹ

04

ㅎ	ㄷ

05

ㅂ	ㄴ	ㄴ

06

ㄱ	ㄱ	ㅁ

07

ㄷ	ㄹ	ㅁ

08

ㅌ	ㄹ	ㅍ

09

ㅌ	ㅁ	ㅌ

10

ㄷ	ㅌ	ㄹ

11

ㅌ	ㄴ

12

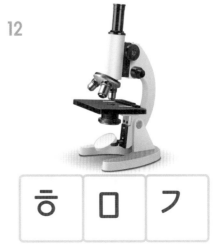

ㅎ	ㅁ	ㄱ

3-4 어휘력 키우는 비슷한 말과 반대말

🦁 비슷한 말끼리 선 긋기

장면	●	●	모양
시늉	●	●	광경
모습	●	●	흉내
행진	●	●	행군

🦁 낱말 초성 퀴즈 1

01 밤에 배들을 안내하기 위하여, 섬이나 바닷가에 세워 불빛 신호를 보내는 높은 건물.

02 사막 지대에서 사람이 타거나 짐을 나르는 데 쓰이는, 등에 큰 혹이 있는 동물.

03 사람이 걸터앉을 수 있도록 만든 물건.

04 화재를 막거나 진압하는 일을 하는 사람.

등	ㄷ	
ㄴ	ㅌ	
의	ㅈ	
ㅅ	ㅂ	관

반대말끼리 선 긋기

겉	●		●	뒤
밖	●		●	낮
앞	●		●	속
밤	●		●	안

 낱말 초성 퀴즈 2

01 잘 때 몸을 덮기 위하여 천으로 만든 것.

ㅇ ㅂ

02 약사가 약을 만들거나 파는 곳.

ㅇ ㄱ

03 빨래하는 기계.

ㅅ ㅌ ㄱ

04 평소에 가지고 다니며 쓰는 작고 얇은 수건.

손 ㅅ ㄱ

3-5 표현력 키우는 다양한 낱말 익히기

 낱말 찾아 문장 완성하기 1

● 보 기 ●

| 달랑달랑 | 주렁주렁 | 대롱대롱 |

01 감나무에 감이 ( ) 달려 있다.
열매 등이 많이 달린 모양.

02 의찬이가 철봉에 ( ) 매달려 있다.
물건이나 사람이 매달려 가볍게 흔들리는 모양.

03 단추가 곧 떨어질 듯 ( ) 흔들린다.
작은 물체가 매달려 살짝 흔들리는 모양.

 낱말 찾아 문장 완성하기 2

● 보 기 ●

| 상냥하게 | 차분하게 | 날렵하게 |

01 그는 날아오는 공을 ( ) 피했다.
가볍고 재빠르다.

02 희연이는 말없이 ( ) 앉아서 기다렸다.
마음이 가라앉아 조용하다.

03 그녀는 항상 웃으며 ( ) 인사한다.
태도가 밝고 부드러우며 친절하다.

낱말 찾아 문장 완성하기 3

보 기

숙였다　　　　맞췄다　　　　챙겼다

01 내일 필요한 준비물을 미리 (　　　　　　　).
필요한 물건을 제대로 갖추었는지 살피다.

02 일주일 만에 퍼즐 조각을 모두 (　　　　　　　).
떨어져 있는 여러 부분을 알맞은 자리에 대어 붙이다.

03 거짓말이 들통나 부끄러움에 고개를 (　　　　　　　).
머리나 몸을 앞으로 기울이다.

 낱말 찾아 문장 완성하기 4

보 기

닥쳤다　　　　놓쳤다　　　　미뤘다

01 오늘 해야 할 숙제를 내일로 (　　　　　　　).
일이나 정해진 때를 나중으로 넘기다.

02 주인공에게 큰 위기가 (　　　　　　　).
어려운 일이 갑자기 가까이 다가오다.

03 컵이 너무 미끄러워 손에서 (　　　　　　　).
손에 잡고 있던 것을 잘못하여 놓아 버리다.

3-6 알맞게 띄어쓰기한 문장 고르기

밑줄 친 부분 중에서 알맞은 것을 골라 ○표 하세요.

01

- ㉠ 독수리가 쥐를 <u>잡아먹었다.</u>　　　　（　　　　）
- ㉡ 독수리가 쥐를 <u>잡아 먹었다.</u>　　　　（　　　　）

02

- ㉠ <u>비 오는</u> 날을 좋아합니다.　　　　（　　　　）
- ㉡ <u>비오는</u> 날을 좋아합니다.　　　　（　　　　）

03

- ㉠ 아버지께서 치킨을 <u>사오셨다.</u>　　　　（　　　　）
- ㉡ 아버지께서 치킨을 <u>사 오셨다.</u>　　　　（　　　　）

04

- ㉠ 예전부터 제주도에 <u>가보고</u> 싶었다.　　　　（　　　　）
- ㉡ 예전부터 제주도에 <u>가 보고</u> 싶었다.　　　　（　　　　）

05

- ㉠ 설명서를 꼼꼼히 <u>읽어 보세요.</u>　　　　（　　　　）
- ㉡ 설명서를 꼼꼼히 <u>읽어보세요.</u>　　　　（　　　　）

3-7 헷갈리는 맞춤법 바로잡기

다음 두 개의 낱말 중에서 맞는 것을 골라 ○표 하세요.

01 오늘 학교 끝나고 [뭐하니 / 모하니] ?

02 선생님께서는 교실에 [게신다 / 계신다] .

03 남의 집에서는 [예이 / 예의] 를 지켜야 한다.

04 나는 동생에게 털모자를 [씌웠다 / 씌웠다] .

05 동해의 [해돋이 / 해도지] 는 정말 아름다웠다.

06 정원에 [힌색 / 흰색] 코스모스가 가득 피었다.

3-8 바른 글씨로 모음 쓰기

세로 모음 바르게 쓰기

세로 모음이 들어간 글자를 쓸 때, 모음 왼쪽에 쓰는 자음을 너무 크게 쓰지 않도록 합니다.

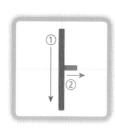

ㅏ에서 점을 쓸 때 가운데에 씁니다.
모음은 반듯하게만 써도 잘 써 보입니다.

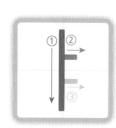

ㅑ에서 두 개의 점을 쓸 때 가운데를 기준으로 양쪽 간격을 같게 쓰세요.

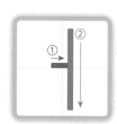

ㅓ를 쓸 때는 왼쪽 점을 먼저 쓴 후 세로선을 곧게 씁니다.
왼쪽 점은 세로선 가운데에 씁니다.

ㅕ를 순서대로 반듯하게 씁니다. 왼쪽 두 개의 점을 쓸 때 가운데를 기준으로 양쪽 간격을 같게 쓰세요.

가로 모음 바르게 쓰기

가로 모음을 바르게 쓰는 방법을 알아보겠습니다. 가로 모음은 위나 아래에 들어
가는 자음보다 길게 써야 균형 있는 글자가 됩니다.

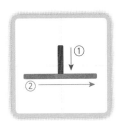

ㅗ를 쓸 때 점인 ①를 먼저 씁니다.
점이 가운데 오도록 가로선 ②를 곧게 씁니다.

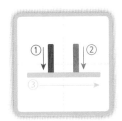

ㅛ의 두 개의 점을 쓸 때는 가운데를 기준으로 왼쪽과 오른쪽의
간격이 같게 씁니다.

ㅜ를 쓸 때는 가로선을 곧게 쓴 후, 가로선 가운데에서 아래로
점을 씁니다.

ㅠ를 쓸 때 가로 모음을 삼등분하여 두 점을 씁니다.
선을 반듯하게 씁니다.

4-1 받침에 따라 달라지는 낱말

아래와 같이 '**이**'라는 낱말에 받침 '**ㅂ**'을 넣으면 '**입**'이 되고, 받침 '**ㅍ**'을 넣으면 '**잎**'이 됩니다. 이처럼 받침에 따라 낱말 뜻이 완전히 달라지므로 맞는 받침을 써야 합니다.

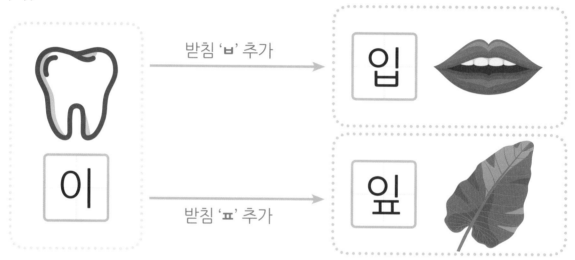

 받침 넣어 글자 완성하기

다음과 같이 글자에 서로 다른 받침을 넣어 새로운 글자를 만들어 주세요.

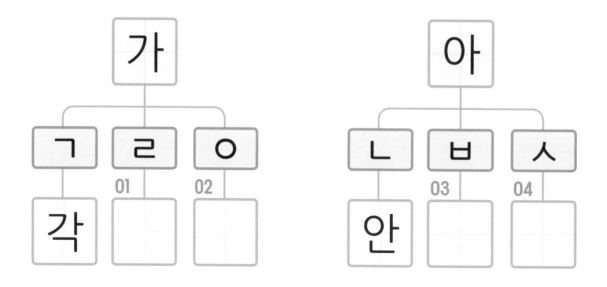

4-2 알맞은 받침 넣어 낱말 완성하기

받침에 따라 완전히 다른 낱말로 바뀝니다. 다음 그림이 나타내는 낱말이 되도록
알맞은 받침을 넣어 글자를 완성하세요.

4-3 받침 넣어 낱말 완성하기

01
| 버 | ㅅ |

02
| 지 | 신 |

03
| 다 | ㄹ |

04
| 꼬 | ㅇ |

05
| 하 | 요 | ㅍ |

06
| 바 | 자 | ㄱ |

07

나	무	이

08

소	저	드

09

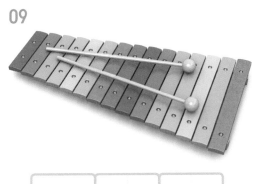

시	로	포

10

어	루	마

11

츠	꼬	이

12

유	노	이

4-4 어휘력 키우는 비슷한 말과 반대말

 비슷한 말끼리 선 긋기

| 단잠 | ● | ● | 마감 |

| 마음씨 | ● | ● | 숙면 |

| 끝 | ● | ● | 토양 |

| 흙 | ● | ● | 성격 |

 낱말 초성 퀴즈 1

01 그림을 그리고 색칠하는 데 쓰는 재료.

02 자물쇠를 잠그거나 여는 물건.

03 노래 부르는 것이 직업인 사람.

04 도로에서 자동차나 사람의 통행을 색으로
    지시하는 장치.

반대말끼리 선 긋기

많다	•	•	작다
크다	•	•	적다
높다	•	•	좁다
넓다	•	•	낮다

 낱말 초성 퀴즈 2

01 옷감, 종이, 머리털 등을 자르는 기구.

ㄱ ㅇ

02 물체의 모양을 비추어 보는 물건.

ㄱ 울

03 가을과 봄 사이로 춥고 눈이 내리는 계절.

ㄱ 울

04 방이나 건물 안에서 신는 신발.

 실 ㄴ ㅎ

4-5 표현력 키우는 다양한 낱말 익히기

낱말 찾아 문장 완성하기 1

보 기

바글바글   삐뚤삐뚤   듬성듬성

01 아직 이른 봄이라 꽃들이 (   ) 피어 있다.
촘촘하지 않고 매우 드문 모양.

02 할인하는 곳에만 사람들이 (   ) 모여 있었다.
작은 동물이나 사람이 한곳에 많이 모인 모양.

03 동생이 (   )한 글씨로 편지를 썼다.
곧거나 바르지 않고 이리저리 기울어진 모양.

낱말 찾아 문장 완성하기 2

보 기

비겁한   영리한   용감한

01 민찬이는 수학을 잘하는 (   ) 학생이다.
눈치가 빠르고 똑똑하다.

02 친구에게 사과하는 것은 매우 (   ) 행동이다.
용기가 있고 씩씩하다.

03 (   ) 승리보다 떳떳한 패배가 더 훌륭하다.
하는 짓이 떳떳하지 못하고 용감하지 못하다.

낱말 찾아 문장 완성하기 3

보 기

힘센   가벼운   허약해

01 그녀는 너무 말라 (   ) 보였다.
힘이나 기운이 없고 약하다.

02 재호는 덩치가 크고 (   ) 친구였다.
힘이 많아서 강하고 세다.

03 나도 (   ) 짐은 충분히 들 수 있다.
무게가 적다.

 낱말 찾아 문장 완성하기 4

보 기

달랬다   넓혔다   권했다

01 의사는 그에게 잠시 쉴 것을 (   ).
어떤 사람에게 좋다고 여겨지는 일을 하도록 하다.

02 승민이는 유치원에 안 가겠다며 우는 동생을 (   ).
다른 사람을 어르거나 타일러 힘든 감정이나 기분을 가라앉게 하다.

03 우리 학교는 화단을 없애고 운동장을 (   ).
면이나 바닥 등의 면적을 크게 하다.

4-6 알맞게 띄어쓰기한 문장 고르기

밑줄 친 부분 중에서 알맞은 것을 골라 ◯표 하세요.

01

ㄱ 너에게 큰 도움이 <u>될 거야.</u>　　　(　　)

ㄴ 너에게 큰 도움이 <u>될거야.</u>　　　(　　)

02

ㄱ 자장면 <u>한그릇을</u> 먹었어요.　　　(　　)

ㄴ 자장면 <u>한 그릇을</u> 먹었어요.　　　(　　)

03

ㄱ 노란 꽃 <u>한 송이가</u> 피었습니다.　　　(　　)

ㄴ 노란 꽃 <u>한송이가</u> 피었습니다.　　　(　　)

04

ㄱ 좋은 생각이 <u>떠올랐 습니다.</u>　　　(　　)

ㄴ 좋은 생각이 <u>떠올랐습니다.</u>　　　(　　)

05

ㄱ 밥 타는 냄새가 <u>집안에</u> 가득하였다.　　　(　　)

ㄴ 밥 타는 냄새가 <u>집 안에</u> 가득하였다.　　　(　　)

4-7 헷갈리는 맞춤법 바로잡기

다음 두 개의 낱말 중에서 맞는 것을 골라 ○표 하세요.

01 무엇보다 건강이 [재일 / 제일] 중요하다.

02 힘든 일을 [하려면 / 할려면] 밥을 잘 먹어야 한다.

03 첫 가족 여행에 마음이 [설랬다 / 설렜다].

04 형은 학교에서 돌아오면 [만날 / 맨날] 게임만 한다.

05 귀에 커다란 [귀고리 / 귀거리]가 달려 있었다.

06 곤충은 [더드미 / 더듬이]로 냄새를 맡는다.

4-8 세로 모음 글자 바르게 쓰기

세로 모음 글자를 쓸 때 왼쪽 자음을 너무 크거나 작게 쓰지 않도록 합니다.

가	너	디	러	머	파	히	여	차
가	너	디	러	머	파	히	여	차

알	님	더	려	민	타	커	식	혀
알	님	더	려	민	타	커	식	혀

여	냠	멸	박	섬	펴	한	빗	텅
여	냠	멸	박	섬	펴	한	빗	텅

 **4-9 가로 모음 글자 바르게 쓰기**

가로 모음은 반듯하게 긋고 위의 자음의 크기보다 길게 그어야 보기 좋습니다.
위의 자음과 아래 자음인 받침의 크기를 비슷하게 쓰세요.

그	노	으	류	소	푸	크	유	흐
그	노	으	류	소	푸	크	유	흐

표	조	손	몸	토	숭	휴	붓	홍
표	조	손	몸	토	숭	휴	붓	홍

문	옷	궁	콩	종	숲	읍	돈	훈
문	옷	궁	콩	종	숲	읍	돈	훈

5-1 여러 가지 모음 이해하기

모음에 모음을 더하여 만든 것을 '여러 가지 모음'이라고 합니다. 이번에는 여러 가지 모음이 들어간 낱말을 배워 보겠습니다.

여러 가지 모음	ㅐ	ㅔ	ㅚ	ㅟ	ㅘ	ㅝ	ㅙ
이름	애	에	외	위	와	워	왜

 여러 가지 모음 넣어 낱말 완성하기

01

꽃 ㄱ

02

ㅇ 무 ㅅ

03

ㅇ 가 리

04

ㅇ 삼 촌

05

가 ㅈ

06

ㄴ 비

07

ㅊ 로

08

바 ㅋ

09

번 ㄷ 기

10

소 ㅎ 기

5-2 어휘력 키우는 비슷한 말과 반대말

 비슷한 말끼리 선 긋기

두려움 ●	● 어버이
방망이 ●	● 몽둥이
동생 ●	● 무서움
부모 ●	● 아우

 낱말 초성 퀴즈 1

01 지붕 등에서 물이 흘러내리다 길게 얼어붙은 얼음.

| ㄱ | ㄷ | ㄹ |

02 오래전 지구에 살았던 거대한 몸집의 멸종된 파충류.

| 공 | ㄹ |

03 돈이나 재물을 지나치게 안 쓰고 아끼는 사람.

| 구 | ㄷ | ㅅ |

04 다른 사람이 시키거나 부탁한 일을 하는 것.

| ㅅ | ㅂ | 름 |

반대말끼리 선 긋기

밀다 •	• 씁쓸한
달콤한 •	• 당기다
싱겁다 •	• 맛나다
맛없다 •	• 짜다

 낱말 초성 퀴즈 2

01 사람들이 책을 빌리거나 공부하는 시설.

02 철로 만든 물건을 끌어당기는 물체.

03 마술을 부리는 일을 전문적으로 하는 사람.

04 얼음덩이를 잘게 갈아서 삶은 팥이나 설탕,
연유 따위를 섞어 먹는 음식.

ㄷ	ㅅ	관
ㅈ		석
ㅁ	수	사
ㅍ	ㅂ	수

5-3 표현력 키우는 다양한 낱말 익히기

 낱말 찾아 문장 완성하기 1

● 보 기 ●

> 훌쩍훌쩍　　　　글썽글썽　　　　주룩주룩

01 두 눈에 눈물이 (　　　　　　　) 맺혀 있었다.

　　눈에 눈물이 곧 흘러내릴 것처럼 가득 고이는 모양.

02 어느새 비가 (　　　　　　　) 쏟아지고 있다.

　　많은 양의 비나 물 등이 빠르게 흐르는 소리.

03 친구가 책상에 엎드려 (　　　　　　　) 울고 있었다.

　　콧물을 들이마시며 계속 흐느껴 우는 소리.

낱말 찾아 문장 완성하기 2

● 보 기 ●

> 모자라서　　　　짓궂은　　　　넉넉한

01 형은 가끔 (　　　　　　　) 장난으로 나를 괴롭힌다.

　　장난스럽게 남을 괴롭히고 귀찮게 굴어 미운 느낌이 있다.

02 돈보다 마음이 (　　　　　　　) 사람이 진짜 부자다.

　　크기나 수 등이 적거나 부족하지 않고 충분하다.

03 돈이 (　　　　　　　) 부모님 선물을 살 수 없었다.

　　정해진 수, 양이 정도에 이르지 못하다.

낱말 찾아 문장 완성하기 3

보 기

찔렀다   비추며   붙이고

01 지호는 이마에 반창고를 (   ) 학교에 왔다.
무엇에 닿아서 떨어지지 않게 하다.

02 수업 시간에 석현이가 자꾸 옆구리를 (   ).
끝이 뾰족한 것으로 세차게 들이밀다.

03 컴컴한 시골길을 손전등으로 (   ) 걸었다.
빛을 보내어 밝게 하다.

 낱말 찾아 문장 완성하기 4

보 기

닮았다   앓았다   낳았다

01 우리 집 개가 새끼를 (   ).
사람이나 동물이 아이나 새끼를 몸 밖으로 내어놓다.

02 아버지는 할아버지와 많이 (   ).
둘 이상의 사람 또는 사물이 서로 비슷하다.

03 누나가 일주일 동안 장염을 (   ).
병에 걸려 아파하거나 괴로워하다.

5-4 알맞게 띄어쓰기한 문장 고르기

밑줄 친 부분 중에서 알맞은 것을 골라 ○표 하세요.

01

ㄱ 항아리에서 보물이 <u>쏟아져나왔다.</u>　　　(　　　)

ㄴ 항아리에서 보물이 <u>쏟아져 나왔다.</u>　　　(　　　)

02

ㄱ 도움이 <u>필요할때</u> 연락하세요.　　　(　　　)

ㄴ 도움이 <u>필요할 때</u> 연락하세요.　　　(　　　)

03

ㄱ 다음에 나랑 <u>같이 놀자.</u>　　　(　　　)

ㄴ 다음에 나랑 <u>같이놀자.</u>　　　(　　　)

04

ㄱ 지갑을 <u>잃어버린 줄</u> 알았네.　　　(　　　)

ㄴ 지갑을 <u>잃어버린줄</u> 알았네.　　　(　　　)

05

ㄱ 이 버스는 어디로 <u>가는것일까?</u>　　　(　　　)

ㄴ 이 버스는 어디로 <u>가는 것일까?</u>　　　(　　　)

5-5 헷갈리는 맞춤법 바로잡기

다음 두 개의 낱말 중에서 맞는 것을 골라 ○표 하세요.

01 아이는 나무를 향해 ⎡ 돌멩이 / 돌맹이 ⎤ 를 던졌다.

02 ⎡ 책꽂이 / 책꼬지 ⎤ 에는 만화책만 꽂혀 있었다.

03 비행기가 하늘 높이 ⎡ 나라간다 / 날아간다 ⎤ .

04 오랜만에 ⎡ 햇빛 / 햇빛 ⎤ 을 쐬며 산책했다.

05 어둠 속에서 ⎡ 새까만 / 시꺼만 ⎤ 눈동자가 빛났다.

06 아이는 ⎡ 숟가락 / 숫가락 ⎤ 으로 밥을 떠먹었다.

5-6 쌍자음과 겹받침 글자 바르게 쓰기

쌍자음과 겹받침은 일반 자음 하나와 비슷한 크기로 써야 합니다.

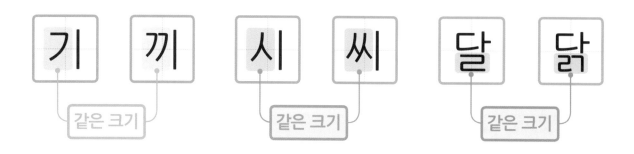

5-7 여러 가지 모음 글자 바르게 쓰기

여러 가지 모음을 바르게 쓰는 연습을 해 보겠습니다. 'ㅐ'나 'ㅔ'와 같이 두 개의 세로 모음을 쓸 때 같은 길이로 씁니다. 받침이 있는 글자와 받침이 없는 글자의 전체 크기를 비슷하게 씁니다.

개	네	과	워	새	튀	쿼	패	휘
개	네	과	워	새	튀	쿼	패	휘

와	왕	쥐	쥔	에	엘	희	흰	의
와	왕	쥐	쥔	에	엘	희	흰	의

왜	태	권	취	웨	쉬	월	돼	쾅
왜	태	권	취	웨	쉬	월	돼	쾅

6-1 쌍자음이 들어간 낱말 익히기

자음에 같은 자음을 겹쳐서 '쌍자음'을 만듭니다. 예를 들어, 'ㄱ'에 'ㄱ'을 더해 'ㄲ'을 만듭니다.

쌍자음	ㄲ	ㄸ	ㅃ	ㅆ	ㅉ
이름	쌍기역	쌍디귿	쌍비읍	쌍시옷	쌍지읒

쌍자음 넣어 낱말 완성하기

01

ㄹ	대

02

ㅣ	름

03

ㅗ	리

04

ㄹ	기

05

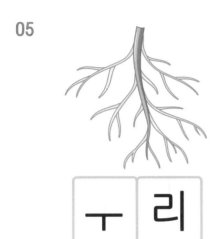

| ㅜ | 리 |

06

| ㅜ | ㅓ |

07

| ㅣ | 개 |

08

| ㄹ | 매 |

09

| ㅏ | 콩 |

10

| ㅐ | 과 | 리 |

6-2 어휘력 키우는 비슷한 말과 반대말

 비슷한 말끼리 선 긋기

미리	•	•	종종
매우	•	•	바짝
가끔	•	•	먼저
바싹	•	•	너무

 낱말 초성 퀴즈 1

01 비가 올 때 머리 위로 펼쳐서 비를 막는 도구.

02 닭이 낳은 알.

03 공기 속의 작은 물방울이 한데 뭉쳐 하늘에 떠 있는 것.

04 지구에서 육지 이외의 부분으로 짠물이 차 있는 곳.

ㅇ	ㅅ
ㄷ	ㄱ
구	ㄹ
ㅂ	다

반대말끼리 선 긋기

옳다	•	•	틀리다
세다	•	•	그르다
맞다	•	•	못나다
잘나다	•	•	약하다

 낱말 초성 퀴즈 2

01 낮은 산처럼, 땅보다 약간 높이 솟아 있는 곳.

02 물고기를 낚는 데 쓰는, 끝이 뾰족한 작은 도구.

03 책을 읽거나 글을 쓸 때 앞에 놓고 쓰는 상.

04 어떤 것을 꿰매는 데 쓰이며, 쇠로 된 가늘고 끝이
    뾰족한 물건.

6-3 표현력 키우는 다양한 낱말 익히기

 낱말 찾아 문장 완성하기 1

보 기

| 갈팡질팡 | 쌔근쌔근 | 콩닥콩닥 |

01 영화가 너무 무서워 가슴이 ( ) 뛰었다.

마음에 충격을 받아 가슴이 세게 뛰는 모양.

02 엄마 등에서 아기가 ( ) 자고 있다.

어린아이가 잠들어 조용하게 숨 쉬는 소리.

03 우리는 어디로 가야 할지 몰라 ( ) 헤맸다.

어떻게 할 줄을 모르고 이리저리 헤매는 모양.

 낱말 찾아 문장 완성하기 2

보 기

| 개운한 | 유익한 | 찝찝한 |

01 양로원 봉사는 매우 ( ) 경험이었다.

이롭거나 도움이 될 만하다.

02 모든 숙제를 끝내고 ( ) 마음으로 잠이 들었다.

기분이나 몸이 상쾌하고 가볍다.

03 친구와 싸우고 집에 오니 ( ) 마음이 든다.

개운하지 않고 무엇인가 마음에 걸리는 것이 있다.

낱말 찾아 문장 완성하기 3

보 기

값비싼   충분한   불편한

01 오늘 (   ) 신발을 신어 발이 아프다.

이용하기에 편리하지 않다.

02 내 용돈으로는 그런 (   ) 선물을 살 수 없다.

물건의 가격이 비싸다.

03 감기에는 (   ) 휴식이 필요하다.

모자라지 않고 넉넉하다.

 낱말 찾아 문장 완성하기 4

보 기

합쳤다   맞혔다   나눴다

01 윤찬이는 모든 문제의 답을 (   ).

문제에 대한 답이 틀리지 아니하다.

02 우리는 이기기 위해 힘을 (   ).

여럿을 하나로 모으다.

03 생일 케이크를 여섯 조각으로 (   ).

원래 하나였던 것을 둘 이상의 부분이 되게 하다.

6-4 국어 공책에 바르게 띄어쓰기

국어 칸 공책에 바르게 띄어 쓰는 방법을 알아보겠습니다.

국어 칸 공책 기본 띄어쓰기

❶ 문단이 시작되는 첫 칸은 비웁니다.
❷ 띄어 쓸 곳은 빈칸으로 둡니다.
❸ 띄어 쓸 곳에서 줄이 바뀌면 첫 칸을 비우지 않습니다.

문장 부호 바르게 띄어쓰기

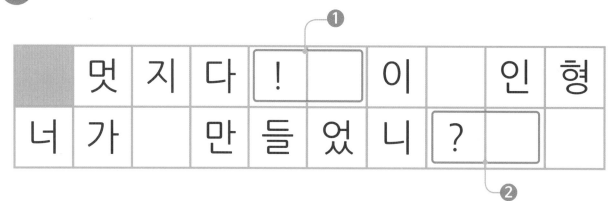

❶ 느낌표(!)는 글자처럼 한 칸에 쓰고 다음 칸을 비웁니다.
❷ 물음표(?)도 글자처럼 한 칸에 쓰고 다음 칸을 비웁니다.

	연	우	야	**,**	우	리		반	에
서		너	가		가	장		좋	**다.**

❶

❷

❶ 마침표(.)와 쉼표(,)는 한 칸에 쓰고 다음 칸은 비우지 않습니다.

❷ 줄 끝에 마침표 쓸 칸이 없으면 마지막 글자와 함께 씁니다.

🐶 국어 칸 공책에 바르게 옮겨 쓰기

다음 문장을 아래 국어 칸 공책에 바르게 옮겨 쓰세요.

01   좋은 냄새가 방에 가득 찼다.

					.				

02   어머나! 깜짝이야. 누구세요?

				?					

6-5 문장 바르게 띄어쓰기

국어 칸 공책에 띄어쓰기 연습을 해 보겠습니다. 첫 칸은 비우고 띄어 써야 할 곳은 빈칸으로 둡니다.

01 애들아,반가워!나랑같이놀자.

02 무슨옷이그렇게비싸니?

03 내가잠깐가지고놀아도돼?

04 도시락을오순도순함께먹었다.

6-6 헷갈리는 맞춤법 바르게 고치기

다음 문장에서 밑줄 친 부분을 알맞은 맞춤법으로 고치세요.

01 보물 상자를 땅속 <u>기피</u> 묻었다.

02 신호등이 빨간불로 <u>바끼었다.</u>

03 아영이가 쪽지에 <u>모라고</u> 썼니?

04 친구들과 축구를 하고 <u>십다.</u>

05 우리 팀이 이겨서 기분이 <u>조았다.</u>

6-7 글쓰기 실력 키우는 관용어 익히기

아래 설명된 뜻을 잘 읽은 후 〈보기〉에서 맞는 표현을 골라 쓰세요.

보 기

하얗게　　　　까맣게　　　　새빨간

01 뻔히 드러날 만큼 터무니없는 거짓말.　➡　(　　　　) 거짓말.

02 겁이 나서 얼굴에 핏기가 없다.　➡　(　　　　) 질리다.

03 아는 것이 전혀 없다.　➡　(　　　　) 모르다.

보 기

어깨가　　　　배가　　　　이를

04 남이 잘되는 것을 보고 심술이 난다.　➡　(　　　　) 아프다.

05 고통과 어려움을 이겨 내기 위해 꾹 참다.　➡　(　　　　) 악물다.

06 무거운 책임을 져서 마음에 부담이 크다.　➡　(　　　　) 무겁다.

6-8 바른 글씨로 속담 쓰기

다음 속담을 따라 쓰면서 바른 글씨를 연습합니다. 직선으로 곧게 글씨를 쓰도록 최대한 노력하여 따라 쓴 후 아랫줄에 연습하세요.

01 속담 풀이 남의 것이 제 것보다 더 좋아 보인다.

남의 밥에 든 콩이 굵어 보인다.

02 속담 풀이 일이 매우 쉽다는 말.

땅 짚고 헤엄치기.

03 속담 풀이 잘될 사람은 어려서부터 남달리 장래성이 엿보인다는 말.

잘 자랄 나무는 떡잎부터 안다.

04 속담 풀이 정도가 비슷비슷한 사람끼리 서로 다툼을 이르는 말.

도토리 키 재기.

맞춤법·어휘력 국어 실력 7단원

 7-1 우리 학교 장소 이름 맞히기

학교에는 다양한 교실이 있어요. 그림을 보고 어떤 장소인지 〈보기〉에서 글자를 골라 완성하세요.

보 기

| 급 | 학 | 식 | 과 |
| 건 | 악 | 보 | 음 |

01

☐ ☐ 실

02

☐ ☐ 실

03

☐ ☐ 실

04

☐ ☐ 실

7-2 빈칸에 글자 넣어 낱말 완성하기

01

| 금 | | 달 |

02

| 쓰 | | 기 |

03

| | 거 | 루 |

04

| | 사 | 슬 |

05

| 애 | 벌 | |

06

| | 돼 | 지 |

7-3 어휘력 키우는 비슷한 말과 반대말

 비슷한 말끼리 선 긋기

가난한	•		•	조용한
차분한	•		•	빈곤한
상냥한	•		•	친절한
잘생긴	•		•	훤칠한

 낱말 초성 퀴즈 1

01 작은 타원형 모양에 단단한 갈색 열매로, 묵을 만들어 먹는다.

02 비가 그친 후 하늘에 반원 모양으로 나타나는 일곱 가지 색깔의 빛줄기.

03 얇고 가늘게 부풀린 설탕을 막대기에 감아 만든 달콤한 과자.

04 물이 얼어서 굳은 것.

반대말끼리 선 긋기

착하다 •   • 합치다

못하다 •   • 잘하다

나누다 •   • 악하다

까맣다 •   • 하얗다

 낱말 초성 퀴즈 2

01 편지나 엽서와 같은 우편물을 보내기 위해 우편
요금으로 붙이는 작은 종이.

| 우 | ㅍ |

02 갈증을 해소하거나 맛을 즐길 수 있도록 만든
마실 거리.

| 음 | ㄹ | ㅅ |

03 사람이 드나들 때 자동으로 열리고 닫히는 문.

| 자 | ㄷ | ㅁ |

04 손을 보호하거나 추위를 막기 위하여 손에 끼는 물건.

| ㅈ | ㄱ |

7-4 표현력 키우는 다양한 낱말 익히기

낱말 찾아 문장 완성하기 1

● 보기 ●

쫑긋쫑긋   방글방글   발름발름

01 아기가 (   ) 웃고 있다.

입을 조금 벌리고 소리 없이 귀엽게 계속 웃는 모양.

02 냄새를 맡으려고 콧구멍을 (   ) 움직였다.

탄력 있는 물체가 벌어졌다 오므라졌다 하는 모양.

03 강아지가 귀를 (   ) 세우고 나를 반겼다.

입술이나 귀 등을 빳빳하게 세우는 모양.

 낱말 찾아 문장 완성하기 2

● 보기 ●

떫은   싱거워   매콤한

01 된장국이 너무 (   ) 소금을 넣었다.

음식의 짠맛이 적다.

02 나는 (   ) 떡볶이를 좋아한다.

냄새나 맛이 좋을 정도로 약간 맵다.

03 덜 익은 감에서는 (   ) 맛이 난다.

맛이 쓰고 텁텁하다.

낱말 찾아 문장 완성하기 3

보 기

흩어져   모여서   이끌고

01 작은 개천이 (   ) 큰 강이 된다.
따로 있는 것이 한데 합쳐지다.

02 나는 동생을 (   ) 학교에 갔다.
가고자 하는 곳으로 같이 가면서 따라오게 하다.

03 장난감이 여기저기에 (   ) 있었다.
한데 모였던 것이 따로따로 떨어져 있다.

 낱말 찾아 문장 완성하기 4

보 기

짓는다   빚었다   꽂았다

01 물레를 돌리며 도자기를 (   ).
흙 등을 주물러서 어떤 형태를 만들다.

02 내 동생은 멋진 시를 잘 (   ).
시, 소설, 편지, 노래 가사 등의 글을 쓰다.

03 선물 받은 꽃을 꽃병에 (   ).
일정한 곳에 끼워 넣거나 세우다.

7-5 문장 바르게 띄어쓰기

다음 내용을 바르게 띄어 쓰세요.

01 커다란솜사탕이먹고싶어요.

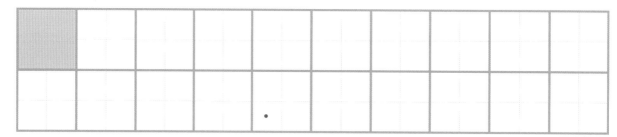

02 하루동안너무바빴어요.

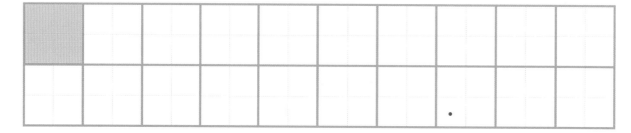

03 세계여러나라를여행하고싶다.

04 열대어한마리가새끼를낳았다.

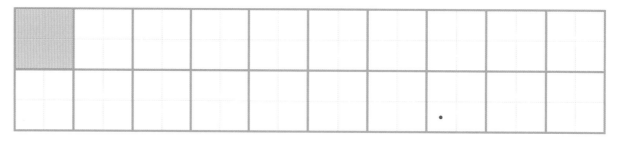

7-6 헷갈리는 맞춤법 바르게 고치기

다음 문장에서 밑줄 친 부분을 알맞은 맞춤법으로 고치세요.

01 한 달 용돈을 모아 동생 선물을 <u>삿다.</u>

02 <u>재발</u> 비가 안 왔으면 좋겠다.

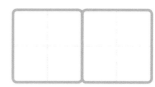

03 어머니는 <u>부억</u>에서 설거지를 하셨다.

04 생일 선물로 예쁜 손목 <u>시게</u>를 받았다.

05 <u>저히</u> 선생님은 참 친절하세요.

7-7 글쓰기 실력 키우는 관용어 익히기

아래 설명된 뜻을 잘 읽은 후 보기에서 맞는 표현을 골라 쓰세요.

> 보 기
>
> 맛을   속을   골탕을

01 몹시 걱정이 되어 마음을 졸이다.   ➡   (   ) 태우다.

02 다른 사람을 곤란하게 만들다.   ➡   (   ) 먹이다.

03 큰 고통이나 어려움을 겪다.   ➡   뜨거운 (   ) 보다.

> 보 기
>
> 입이   목이   손이

04 씀씀이가 후하고 크다.   ➡   (   ) 크다.

05 음식을 심하게 가리거나 적게 먹다.   ➡   (   ) 짧다.

06 심하게 갈증을 느끼다.   ➡   (   ) 타다.

7-8 바른 글씨로 속담 쓰기

다음 속담을 따라 쓰면서 바른 글씨를 연습합니다. 직선으로 곧게 글씨를 쓰도록
최대한 노력하며 따라 쓴 후 아랫줄에 연습하세요.

01 속담 풀이 넓은 세상을 알지 못하는 사람을 일컫는 말.

우물 안 개구리.

02 속담 풀이 무슨 일이든 시작이 어렵지 일단, 시작하면 일을 끝마치기는
그리 어렵지 아니하다.

시작이 반이다.

03 속담 풀이 아무리 어려운 경우에 처하더라도 살아 나갈 방법이 생긴다.

하늘이 무너져도 솟아날 구멍이 있다.

04 속담 풀이 아무런 능력이 없는 사람이 남의 관심을 끌 만한 행동을 함을
놀림조로 이르는 말.

굼벵이도 구르는 재주가 있다.

맞춤법 · 어휘력 국어 실력 8단원

8-1 한글로 수량 세는 낱말 익히기

 1 하나   2 둘

 3 셋   01 4 ☐

02  5 ☐☐   03 6 ☐☐

04  7 ☐☐   05  8 ☐☐

06  9 ☐☐   07  10 ☐

8-2 순서를 나타내는 낱말 익히기

순서나 차례를 나타내는 낱말을 알아보겠습니다. 결승점에 가까운 번호대로 순서를 나타내는 낱말을 씁니다.

01 ❶ → | 첫 | 째 |

02 ❷ → | 둘 | 째 |

03 ❸ → | | |

04 ❹ → | | |

05 ❺ → | | | |

06 ❻ → | | | |

07 ❼ → | | | |

08 ❽ → | | | |

09 ❾ → | | | |

10 ❿ → | | |

8-3 어휘력 키우는 비슷한 말과 반대말

 비슷한 말끼리 선 긋기

항상	•	•	모조리
모두	•	•	언제나
살짝	•	•	절대로
결코	•	•	살며시

 낱말 초성 퀴즈 1

01 세상에 태어난 날.

02 두 손뼉을 마주쳐서 소리 내는 것.

03 설날 웃어른에게 인사로 하는 절.

04 새가 알을 낳거나 살기 위해 풀, 나뭇가지 등을 엮어 만든 집.

반대말끼리 선 긋기

긴 •	• 짧은
두꺼운 •	• 얇은
굵은 •	• 뚱뚱한
홀쭉한 •	• 가는

 낱말 초성 퀴즈 2

01 아이들이 가지고 노는 여러 가지 물건.

02 연필로 쓴 것을 지우는, 고무로 만든 물건.

03 땅속의 큰 변화 때문에 땅이 흔들리는 현상.

04 공기놀이에 쓰는 작은 돌.

장	ㄴ	ㄱ
ㅈ	ㅇ	ㄱ
	지	ㅈ
공	ㄱ	ㄷ

8-4 표현력 키우는 다양한 낱말 익히기

낱말 찾아 문장 완성하기 1

보 기

옹알옹알   오순도순   소곤소곤

01 아이들이 ( ) 모여 소꿉놀이를 한다.
정답게 이야기를 하거나 사이좋게 지내는 모양.

02 단짝 친구가 나에게 ( ) 속삭였다.
남이 알아듣지 못하게 작은 목소리로 자꾸 이야기하는 소리.

03 아기가 ( )하는 모습이 무척 귀여웠다.
분명하지 않은 말소리를 내는 모양이나 소리.

 낱말 찾아 문장 완성하기 2

보 기

얇은   얕은   두꺼운

01 날씨가 쌀쌀한데 ( ) 옷을 입어 춥다.
두께가 두껍지 않다.

02 우리 언니는 ( ) 책도 잘 읽는다.
두께가 보통의 정도보다 크다.

03 위험하니까 ( ) 물에서만 놀아라.
위에서 밑바닥까지 거리가 짧다.

낱말 찾아 문장 완성하기 3

보 기

좁다란   두툼한   널찍한

01 추운 겨울에는 (   ) 이불을 덮는다.
꽤 두껍다.

02 가장 크고 (   ) 방은 부모님 방이다.
꽤 넓다.

03 우리 셋은 (   ) 의자에 간신히 앉았다.
폭이나 공간이 매우 좁다.

 낱말 찾아 문장 완성하기 4

보 기

헤맸다   스쳤다   비켰다

01 자전거를 피해 길옆으로 (   ).
부딪치지 않으려고 있던 곳에서 자리를 옮기다.

02 승규가 던진 공이 내 머리를 (   ).
가볍게 닿거나 닿을 듯이 가깝게 지나가다.

03 처음 가 본 곳이라 길에서 한참 (   ).
이리저리 돌아다니다.

8-5 문장 바르게 띄어쓰기

다음 내용을 바르게 띄어 쓰세요.

01 왜그렇게도망가니?

	?								

02 깊은바다와넓은들판이펼쳐졌다.

								.	

03 울긋불긋단풍이아름다웠다.

					.				

04 일요일마다일찍일어나요.

				.					

8-6 헷갈리는 맞춤법 바르게 고치기

다음 문장에서 밑줄 친 부분을 알맞은 맞춤법으로 고치세요.

01 너무 급해서 옷을 <u>꺼꾸로</u> 입었다.

02 색종이를 <u>새모</u>로 접어 모자를 만들었다.

03 덥고 목이 말라 <u>음뇨수</u>를 사 먹었다.

04 내일 아니면 <u>모래</u>까지는 일을 끝내라.

05 <u>달펭이</u>는 상추를 잘 먹는다.

8-7 글쓰기 실력 키우는 관용어 익히기

아래 설명된 뜻을 잘 읽은 후 보기에서 맞는 표현을 골라 쓰세요.

보 기

가슴   귀   허리띠

---

01 최대한 아끼며 검소한 생활을 하다.   ➡   (   )를 졸라매다.

02 슬픔 때문에 마음에 심한 고통을 받다.   ➡   (   )이 찢어지다.

03 남의 이야기를 집중해서 듣다.   ➡   (   )를 기울이다.

보 기

꼬투리   한숨   손

---

04 힘겨운 고비를 넘기고 좀 여유를 갖다.   ➡   (   )을 돌리다.

05 남에게 도움이나 화해를 청하다.   ➡   (   )을 내밀다.

06 남을 헐뜯거나 작은 흠집을 들춰 불평하다.   ➡   (   )를 잡다.

8-8 바른 글씨로 속담 쓰기

다음 속담을 따라 쓰면서 바른 글씨를 연습합니다. 직선으로 곧게 글씨를 쓰도록
최대한 노력하며 따라 쓴 후 아랫줄에 연습하세요.

01 속담 풀이 어떤 시련을 겪은 뒤에 더 강해짐을 이르는 말.

비 온 뒤에 땅이 굳어진다.

02 속담 풀이 자기의 처지와 상황에 맞게 살아야 한다.

송충이는 솔잎을 먹어야 한다.

03 속담 풀이 아무리 잘하는 사람이라도 실수할 때가 있다.

원숭이도 나무에서 떨어진다.

04 속담 풀이 강한 자들끼리 싸우는 데 아무 상관도 없는 약한 자가 중간에
끼어 피해를 보게 되는 경우를 이르는 말.

고래 싸움에 새우 등 터진다.

맞춤법 · 어휘력 국어 실력 9단원

9-1 겹받침이 있는 낱말 익히기

이번에는 두 개의 자음으로 구성된 겹받침 'ㄲ, ㄵ, ㄺ, ㄻ, ㄼ, ㄾ, ㅄ' 낱말을 배워 보겠습니다. 아래와 같이 '**닭**'에는 겹받침 'ㄺ'이, '**값**'에는 겹받침 'ㅄ'이 들어갑니다. 다음 그림을 보고 알맞은 겹받침을 넣어 낱말을 완성하세요.

예

닭 | 값

01

끄 다

02

바 다

03

어 다

04

짜 다

05

저	다

06

느	다

07

이	다

08

아	다

09

하	다

10

까	다

9-2 어휘력 키우는 비슷한 말과 반대말

 비슷한 말끼리 선 긋기

무거운	•	•	생생한
쌀쌀한	•	•	묵직한
싱싱한	•	•	싸늘한
희미한	•	•	침침한

 낱말 초성 퀴즈 1

01 책을 세워서 꽂아 두는 물건.

02 이와 잇몸에 관련된 질병을 치료하는 병원.

03 분필로 글씨를 쓰는 짙은 색의 판.

04 고마움, 감사, 사랑 등을 표현하기 위해 남에게 어떤 것을 주는 것.

반대말끼리 선 긋기

충분한	●	●	유쾌한
불쾌한	●	●	편리한
단순한	●	●	부족한
불편한	●	●	복잡한

 낱말 초성 퀴즈 2

01 이를 닦는 데 쓰는 물건.

ㅊ ㅅ

02 손과 발로 공격과 방어를 하는 한국 전통 무술.

태 ㄱ ㄷ

03 연필 등의 필기구를 보관하는 통.

ㅍ ㅌ

04 양손으로 줄의 끝을 잡고 발 아래에서 머리 위로
   돌리면서 그 줄을 뛰어넘는 운동.

ㅈ ㄴ 기

9-3 표현력 키우는 다양한 낱말 익히기

 낱말 찾아 문장 완성하기 1

━━● 보 기 ●━━

| 지글지글 | 와글와글 | 길쭉길쭉 |

01 오이가 (　　　　　　　) 잘 자라고 있다.

　　여럿이 모두 조금 긴 모양.

02 시장은 많은 사람으로 (　　　　　　　) 붐볐다.

　　사람 등이 한곳에 많이 모여 떠들거나 움직이는 소리.

03 고기가 불판에서 (　　　　　　　) 익고 있다.

　　물이나 기름 등이 소리를 내면서 계속 끓는 소리.

 낱말 찾아 문장 완성하기 2

━━● 보 기 ●━━

| 심각한 | 두려운 | 불쾌한 |

01 발표회를 망칠까 봐 (　　　　　　) 마음이 들었다.

　　몹시 피하고 싶을 만큼 겁이 나고 무섭다.

02 온갖 쓰레기의 (　　　　　　) 냄새가 코를 찔렀다.

　　어떤 일이 마음에 들지 않아 기분이 좋지 않다.

03 지구 온난화는 매우 (　　　　　　) 문제이다.

　　상태나 정도가 매우 심하다.

낱말 찾아 문장 완성하기 3

보 기

| 속였다 | 굴렸다 | 다퉜다 |

01 눈사람을 만들기 위해 눈덩이를 ( ).
구르게 하다.

02 오늘 학교에서 친구와 심하게 ( ).
생각이나 의견이 달라 서로 따지며 싸우다.

03 형은 놀이 기구를 타려고 나이를 ( ).
남에게 어떠한 사실을 거짓으로 말하다.

 낱말 찾아 문장 완성하기 4

보 기

| 싣는다 | 박는다 | 젓는다 |

01 핫케이크 반죽을 열심히 ( ).
액체나 가루 등이 섞이도록 이리저리 돌리다.

02 벽에 못을 단단히 ( ).
두들겨 쳐서 꽂히게 하다.

03 이삿짐을 트럭에 ( ).
무엇을 운반하기 위하여 차, 배, 비행기 등에 올려놓다.

9-4 문장 바르게 띄어쓰기

다음 내용을 바르게 띄어 쓰세요.

01 우는동생을꼭안아줬어요.

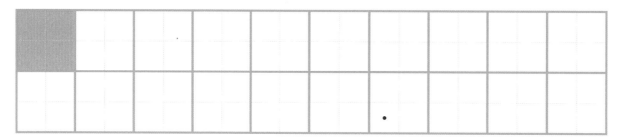

02 친구와과자를나눠먹었어요.

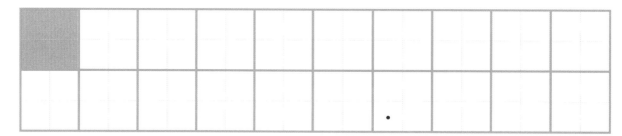

03 너의여덟번째생일을축하해.

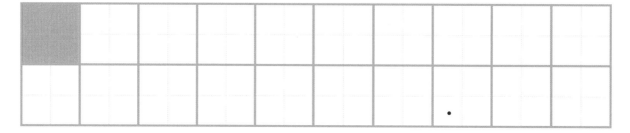

04 절대싸우면안돼요.

9-5 헷갈리는 맞춤법 바르게 고치기

다음 문장에서 밑줄 친 부분을 알맞은 맞춤법으로 고치세요.

01 우리 집에 반 <u>칭구</u>들을 초대했다.

02 방 안이 너무 <u>어두어</u> 불을 켰다.

03 일곱 살 동생은 <u>덛셈</u>과 뺄셈을 잘한다.

04 오징어 볶음이 너무 <u>멥다.</u>

05 날이 어두워지자 산에서 길을 <u>일었다.</u>

9-6 글쓰기 실력 키우는 관용어 익히기

아래 설명된 뜻을 잘 읽은 후 보기에서 맞는 표현을 골라 쓰세요.

보 기

파김치   홍당무   인심

01 부끄러워 얼굴이 빨개지다.   ➡   (   )가 되다.

02 몹시 지쳐서 몸이 늘어지다.   ➡   (   )가 되다.

03 필요 이상으로 남에게 너그럽게 대하다.   ➡   (   )을 쓰다.

보 기

입을   속이   눈이

04 걱정이 되어 마음이 애타다.   ➡   (   ) 타다.

05 몹시 애타게 오랫동안 기다리다.   ➡   (   ) 빠지다.

06 서로의 말이 일치하도록 하다.   ➡   (   ) 맞추다.

9-7 바른 글씨로 속담 쓰기

다음 속담을 따라 쓰면서 바른 글씨를 연습합니다. 직선으로 곧게 글씨를 쓰도록 최대한 노력하며 따라 쓴 후 아랫줄에 연습하세요.

01 속담 풀이 갈수록 더욱 어려운 상황이 되는 경우를 이르는 말.

산 넘어 산이다.

02 속담 풀이 모양이나 형편이 비슷한 것끼리 서로 이해하고 감싸 주기 쉽다는 말.

가재는 게 편.

03 속담 풀이 여러 사람이 자신의 주장만 내세우면 일이 제대로 되기 어렵다.

사공이 많으면 배가 산으로 간다.

04 속담 풀이 어떠한 일이든 한 가지 일을 끝까지 해야 성공할 수 있다는 말.

우물을 파도 한 우물을 파라.

맞춤법 • 어휘력 국어 실력 10단원

 10-1 친가 친척의 호칭 익히기

아버지, 어머니의 형제들을 '친척'이라고 합니다. 아버지의 집안을 '친가'라고 합니다. 다음 문제를 읽고 알맞은 호칭을 쓰세요.

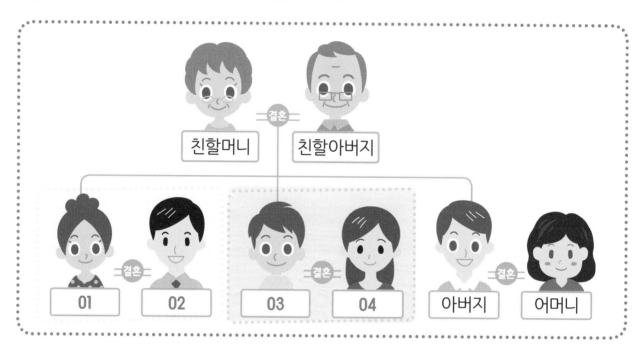

01 아버지의 여자 형제를 부르는 호칭은?

02 01과 결혼한 분을 부르는 호칭은?

03 아버지보다 나이가 많은 결혼한 남자 형제를 부르는 호칭은?

04 03과 결혼한 분을 부르는 호칭은?

10-2 외가 친척의 호칭 익히기

어머니의 집안을 '외가'라고 합니다. 다음 문제를 읽고 알맞은 호칭을 쓰세요.

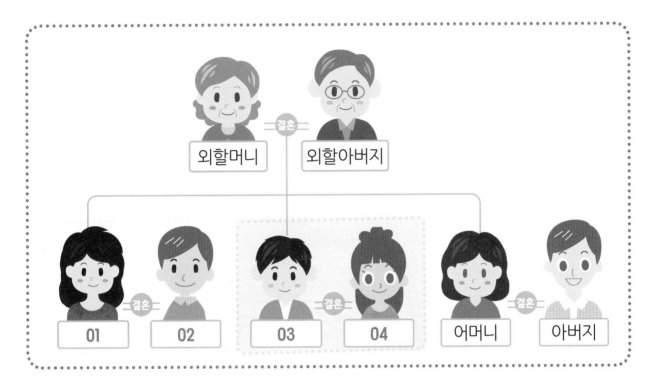

01 어머니의 여자 형제를 부르는 호칭은?

02 01과 결혼한 분을 부르는 호칭은?

03 어머니의 남자 형제를 부르는 호칭은?

04 03과 결혼한 분을 부르는 호칭은?

10-3 문장 부호 익히고 활용하기

문장의 뜻을 쉽게 이해할 수 있게 하는 여러 가지 부호를 '문장 부호'라고 합니다.
문장 부호에 맞게 글을 읽으면 정확하게 뜻을 이해할 수 있습니다.

부호	이름	쓰임
,	쉼표	• 문장에서 쉬어 읽을 때와 누군가를 부르는 말 뒤에 씁니다. • 왼쪽 아래에 씁니다.
.	마침표	• 설명하는 문장의 끝에 씁니다. • 왼쪽 아래에 씁니다.
?	물음표	• 어떤 것을 묻는 문장의 끝에 씁니다. • 글자 높이에 맞춰 가운데에 씁니다.
!	느낌표	• 감정을 표현하는 문장의 끝에 씁니다. • 글자 높이에 맞춰 가운데에 씁니다.
' '	작은따옴표	• 마음속으로 한 말을 적을 때 씁니다. • 여는 작은따옴표(')는 왼쪽 위에, 닫는 작은따옴표(')는 오른쪽 위에 씁니다.
" "	큰따옴표	• 소리 내어 한 말을 적을 때 씁니다. • 여는 큰따옴표(")는 왼쪽 위에, 닫는 큰따옴표(")는 오른쪽 위에 씁니다.

문장 부호에 따라 달라지는 의미

다음 문장처럼 글자가 같아도 문장 부호가 다르면, 의미는 완전히 달라지기도 합니다.

떡볶이 맛있어!

떡볶이가 맛있다고
감탄하는 문장이므로,
느낌표(!)를 씁니다.

떡볶이 맛있어?

떡볶이가 맛있는지
묻는 문장이므로,
물음표(?)를 씁니다.

 알맞은 문장 부호 넣기

다음 예문을 읽고 빈칸에 알맞은 문장 부호를 쓰세요.

01 너는 마음이 참 예쁘구나 ☐

02 지효야 ☐ 나랑 같이 학교 갈래 ☐

03 저희 가족은 다섯 명입니다 ☐

04 그는 ☐ 져도 좋다 ☐ 고 생각했다.

05 ☐ 얘들아, 싸우지 마! ☐

10-4 어휘력 키우는 비슷한 말과 반대말

 비슷한 말끼리 선 긋기

화나다 ●	● 성나다
뽐내다 ●	● 멋있다
멋지다 ●	● 뻐기다
탁하다 ●	● 부옇다

 낱말 초성 퀴즈 1

01 더럽거나 어지러운 것을 쓸고 닦아서 깨끗하게 함.

ㅊ ㅅ

02 날마다 그날그날 겪은 일이나 생각, 느낌 등을 적은 글.

ㅇ ㄱ

03 꽃을 심어 가꾸는 그릇.

화 ㅂ

04 더러운 옷이나 천을 물에 빠는 일.

ㅃ ㄹ

반대말끼리 선 긋기

건강한	•	•	순한
배고픈	•	•	허약한
사나운	•	•	멀찍이
가까이	•	•	배부른

 낱말 초성 퀴즈 2

01 얇고 동그란 쇠붙이 속에 단단한 물건을 넣어서 흔들면 소리가 나는 물건.

| 방 | ㅇ |

02 물속에 사는 생물을 모아 놓고 기르는 설비.

| 수 | ㅈ | ㄱ |

03 걸을 때 도움을 얻기 위하여 짚는 막대기.

| 지 | ㅍ | ㅇ |

04 복잡하고 어지럽게 갈라져 빠져나오기 어려운 길.

| 미 | ㄹ |

10-5 표현력 키우는 다양한 낱말 익히기

낱말 찾아 문장 완성하기 1

보 기

조물조물   첨벙첨벙   움찔움찔

01 날이 너무 더워 물속으로 (   ) 들어갔다.

큰 물체가 물에 자꾸 부딪치거나 잠기는 소리.

02 아이는 번개가 칠 때마다 (   ) 놀랐다.

깜짝 놀라 갑자기 몸을 잇따라 움츠리는 모양.

03 일회용 장갑을 끼고 나물을 (   ) 무쳤다.

작은 손놀림으로 자꾸 주물러 만지작거리는 모양.

낱말 찾아 문장 완성하기 2

보 기

향기로운   신비로운   지혜로운

01 나는 (   ) 우주를 꼭 가 보고 싶다.

보통의 생각으로는 이해할 수 없을 정도로 놀랍고 신기하다.

02 (   ) 사람은 신중히 생각해서 말을 한다.

사물의 이치를 빨리 깨닫고 옳고 그름을 잘 이해하다.

03 정원은 (   ) 꽃냄새로 가득 찼다.

좋은 냄새가 있다.

낱말 찾아 문장 완성하기 3

보 기

우중충한   따스한   화창한

01 얼었던 강물이 (   ) 햇볕에 모두 녹았다.
날씨나 햇볕이 기분 좋을 만큼 따뜻하다.

02 구름 한 점 없는 (   ) 날씨다.
날씨나 바람이 온화하고 맑다.

03 비가 올 것 같이 흐리고 (   ) 날씨다.
날씨나 분위기 따위가 어둡고 침침하다.

 낱말 찾아 문장 완성하기 4

보 기

물들었다   저물었다   걷혔다

01 해가 뒷산 너머로 서서히 (   ).
해가 져서 어두워지다.

02 온 세상을 뒤덮었던 안개가 (   ).
구름이나 안개 등이 흩어져 없어지다.

03 하늘이 노을로 붉게 (   ).
빛깔이 서서히 퍼지거나 옮아서 묻다.

10-6 문장 바르게 띄어쓰기

다음 내용을 바르게 띄어 쓰세요.

01 할머니께서밭에콩을심으셨다.

02 하루에동화책을두권씩읽는다.

03 맛있는밥을해주셨다.

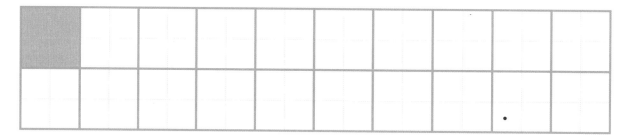

04 나혼자다먹을거다.

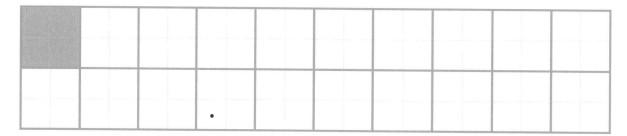

10-7 헷갈리는 맞춤법 바르게 고치기

다음 문장에서 밑줄 친 부분을 알맞은 맞춤법으로 고치세요.

01 휴일이라 공원으로 <u>나드리</u>를 떠났다.

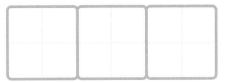

02 동생은 <u>조름</u>을 참아 가며 아빠를 기다렸다.

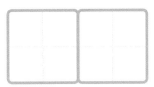

03 우는 동생에게 사탕을 주자 <u>우름</u>을 멈췄다.

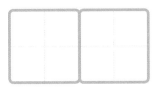

04 그 아이는 친구와 어울리지 않고 <u>외토리</u>로 지낸다.

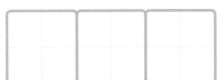

05 장미꽃에 코를 대고 냄새를 <u>마탔다.</u>

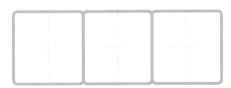

10-8 글쓰기 실력 키우는 관용어 익히기

아래 설명된 뜻을 잘 읽은 후 보기에서 맞는 표현을 골라 쓰세요.

─── 보 기 ───

발등   찬물   철석

01 잘되던 일을 갑자기 중단시키거나 방해하다. ➡ (   )을 끼얹다.

02 믿음이 절대 변치 않는다. ➡ (   )같이 믿다.

03 남에게 배신을 당하다 ➡ (   )을 찍히다.

─── 보 기 ───

더 뜨다   출출하다   다시다

04 약간 배고픈 느낌이 나다. ➡ 배가 (   ).

05 무엇인가를 갖고 싶어 하다. ➡ 입맛을 (   ).

06 심한 행동이나 말로 일을 크게 만들다. ➡ 한술 (   ).

10-9 바른 글씨로 속담 쓰기

다음 속담을 따라 쓰면서 바른 글씨를 연습합니다. 직선으로 곧게 글씨를 쓰도록
최대한 노력하며 따라 쓴 후 아랫줄에 연습하세요.

01 **속담 풀이** 밑부분이 깨진 항아리에 아무리 물을 부어도 항아리를 채울
수 없다는 뜻으로, 아무리 노력해도 소용없는 상태를 말함.

밑 빠진 독에 물 붓기.

02 **속담 풀이** 잘못을 저지른 쪽에서 오히려 화를 낼 때 사용함.

방귀 뀐 놈이 성낸다.

03 **속담 풀이** 바늘과 실처럼 항상 함께한다는 뜻으로, 서로 떨어질 수 없는
아주 가까운 사이를 의미하는 말.

바늘 가는 데 실 간다.

04 **속담 풀이** 작은 사람이 큰 사람보다 재주가 뛰어나고 야무짐을 이르는 말.

작은 고추가 더 맵다.

Foreign Copyright:
Joonwon Lee
Address: 3F, 127, Yanghwa-ro, Mapo-gu, Seoul, Republic of Korea
      3rd Floor
Telephone: 82-2-3142-4151, 82-10-4624-6629
E-mail: jwlee@cyber.co.kr

매일 스스로 공부하는
맞춤법 어휘력 1단계

2018. 9. 3. 1판 1쇄 발행
2022. 5. 2. 1판 4쇄 발행

지은이 | 꿈씨앗연구소
펴낸이 | 이종춘
펴낸곳 | [BM] ㈜도서출판 **성안당**

주소 | 04032 서울시 마포구 양화로 127 첨단빌딩 3층(출판기획 R&D 센터)
     | 10881 경기도 파주시 문발로 112 파주 출판 문화도시(제작 및 물류)
전화 | 02) 3142-0036
     | 031) 950-6300
팩스 | 031) 955-0510
등록 | 1973. 2. 1. 제406-2005-000046호
출판사 홈페이지 | **www.cyber.co.kr**
ISBN | 978-89-315-8282-6 (64710)
정가 | **11,000원**

이 책을 만든 사람들
책임 | 최옥현
기획·진행 | 전수경, 정지현
교정·교열 | 박정희
표지·본문 디자인 | 상:想 company
홍보 | 김계향, 이보람, 유미나, 서세원, 이준영
국제부 | 이선민, 조혜란, 권수경
마케팅 | 구본철, 차정욱, 오영일, 나진호, 이동후, 강호묵
마케팅 지원 | 장상범, 박지연
제작 | 김유석

이 책의 어느 부분도 저작권자나 [BM] ㈜도서출판 **성안당** 발행인의 승인 문서 없이 일부 또는 전부를 사진 복사나 디스크 복사 및 기타 정보 재생 시스템을 비롯하여 현재 알려지거나 향후 발명될 어떤 전기적, 기계적 또는 다른 수단을 통해 복사하거나 재생하거나 이용할 수 없음.

■ 도서 A/S 안내

성안당에서 발행하는 모든 도서는 저자와 출판사, 그리고 독자가 함께 만들어 나갑니다.
좋은 책을 펴내기 위해 많은 노력을 기울이고 있습니다. 혹시라도 내용상의 오류나 오탈자 등이 발견되면 **"좋은 책은 나라의 보배"**로서 우리 모두가 함께 만들어 간다는 마음으로 연락주시기 바랍니다. 수정 보완하여 더 나은 책이 되도록 최선을 다하겠습니다.
성안당은 늘 독자 여러분들의 소중한 의견을 기다리고 있습니다. 좋은 의견을 보내주시는 분께는 성안당 쇼핑몰의 포인트(3,000포인트)를 적립해 드립니다.

잘못 만들어진 책이나 부록 등이 파손된 경우에는 교환해 드립니다.

매일 스스로 공부하는

맞춤법 어휘력

1단계
초등 1~2학년

정답 및 해설

BM (주)도서출판 성안당

맞춤법
어휘력

1단계
초등 1~2학년

BM (주)도서출판 성안당

정답 및 해설

1-1 한글을 만드는 자음과 모음

01.
나 ▶ ㄴ(자음) + ㅏ(모음)
무 ▶ ㅁ(자음) + ㅜ(모음)

02.
모 ▶ ㅁ(자음) + ㅗ(모음)
자 ▶ ㅈ(자음) + ㅏ(모음)

03.
바 ▶ ㅂ(자음) + ㅏ(모음)
지 ▶ ㅈ(자음) + ㅣ(모음)

04.
가 ▶ ㄱ(자음) + ㅏ(모음)
지 ▶ ㅈ(자음) + ㅣ(모음)

1-2 어휘력 키우는 비슷한 말과 반대말

* 비슷한 말끼리 선 긋기

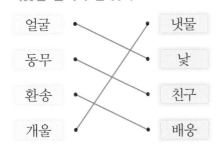

얼굴 — 낮
동무 — 친구
환송 — 배웅
개울 — 냇물

* 낱말 초성 퀴즈 1

01. 신발　　02. 선생님
03. 개구리　　04. 팔찌

* 반대말끼리 선 긋기

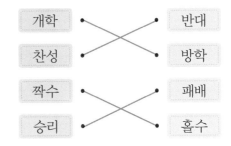

개학 — 방학
찬성 — 반대
짝수 — 홀수
승리 — 패배

* 낱말 초성 퀴즈 2

01. 고래　　02. 책가방
03. 도화지　　04. 박쥐

1-3 표현력 키우는 다양한 낱말 익히기

* 낱말 찾아 문장 완성하기 1

01. 깡충깡충
02. 폴짝폴짝
03. 성큼성큼

* 낱말 찾아 문장 완성하기 2

01. 서운한
02. 지루한
03. 창피한

* 낱말 찾아 문장 완성하기 3

01. 데친다
02. 무친다
03. 으깬다

* 낱말 찾아 문장 완성하기 4

01. 걸쳤다

02. 채웠다

03. 둘렀다

1-4 알맞게 띄어쓰기한 문장 고르기

01. ㉡   02. ㉠

03. ㉡   04. ㉠

05. ㉡

해설

혼자 쓰일 수 있는 낱말은 띄어 씁니다.

01 '다'는 '모두'를 뜻하는 낱말이고,

02 '잘'은 '만족스러운 만큼 충분히'라는 뜻의
    낱말이므로 모두 띄어 씁니다

1-5 헷갈리는 맞춤법 바로잡기

01. 볶음밥   02. 옮겼다

03. 외삼촌   04. 괜찮아

05. 비눗방울   06. 지우개

2-2 자음 이름 바르게 쓰고 익히기

자음	자음 이름	자음	자음 이름
ㄱ	기역	ㅇ	이응
ㄴ	니은	ㅈ	지읒
ㄷ	디귿	ㅊ	치읓
ㄹ	리을	ㅋ	키읔
ㅁ	미음	ㅌ	티읕

ㅂ	비읍	ㅍ	피읖
ㅅ	시옷	ㅎ	히읗

2-3 자음 넣어 낱말 완성하기

01. 사슴   02. 가시

03. 다리미   04. 자전거

05. 바구니   06. 나침반

07. 가면   08. 감자

09. 그네   10. 문어

11. 달팽이   12. 더듬이

2-4 어휘력 키우는 비슷한 말과 반대말

* 비슷한 말끼리 선 긋기

* 낱말 초성 퀴즈 1

01. 젓가락   02. 숟가락

03. 낙엽   04. 병아리

* 반대말끼리 선 긋기

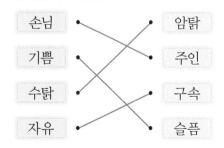

* 낱말 초성 퀴즈 2

01. 병원   02. 안경

03. 입학   04. 부채

2-5 표현력 키우는 다양한 낱말 익히기

* 낱말 찾아 문장 완성하기 1

01. 엉금엉금

02. 아장아장

03. 사뿐사뿐

* 낱말 찾아 문장 완성하기 2

01. 뜨끈한

02. 따끔한

03. 축축한

* 낱말 찾아 문장 완성하기 3

01. 푹신한

02. 둥그런

03. 뾰족한

* 낱말 찾아 문장 완성하기 4

01. 엎드렸다

02. 쓰다듬었다

03. 끄덕였다

2-6 알맞게 띄어쓰기한 문장 고르기

01. ㉡   02. ㉡

03. ㉠   04. ㉡

05. ㉡

해설

어떤 의미가 있는 낱말은 띄어 씁니다. 02의 '더'는 계속 등의 의미가 있으므로 띄어 씁니다. 04의 '집니다'는 따로 쓰일 수 없으므로 '튼튼해집니다'로 붙여 씁니다.

2-7 헷갈리는 맞춤법 바로잡기

01. 헤어졌다   02. 베개

03. 애벌레   04. 문제집

05. 뭉게구름   06. 누워라

 3단원   32~43쪽

3-1 모음 이름 바르게 읽기

* 자음과 모음으로 글자 만들기

01. 너   02. 려

03. 모   04. 주

3-2 모음 순서 외우고 구분하기

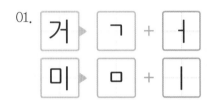

아 야 어 여 오 요 우 유 으 이

* 낱말을 자음과 모음으로 나누기

01.

거 ▶ ㄱ + ㅓ

미 ▶ ㅁ + ㅣ

02.

오 ▶ ㅇ + ㅗ

리 ▶ ㄹ + ㅣ

3-3 모음 넣어 낱말 완성하기

01. 사자   02. 하마

03. 구름   04. 호두

05. 바나나   06. 고구마

07. 두루미   08. 트로피

09. 토마토   10. 도토리

11. 터널   12. 현미경

3-4 어휘력 키우는 비슷한 말과 반대말

＊ 비슷한 말끼리 선 긋기

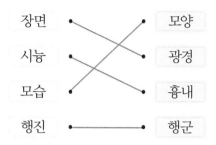

＊ 낱말 낱말 초성 퀴즈 1

01. 등대   02. 낙타
03. 의자   04. 소방관

＊ 반대말끼리 선 긋기

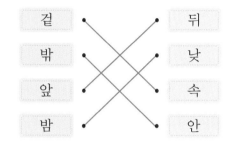

＊ 낱말 초성 퀴즈 2

01. 이불   02. 약국
03. 세탁기   04. 손수건

3-5 표현력 키우는 다양한 낱말 익히기

＊ 낱말 찾아 문장 완성하기 1

01. 주렁주렁
02. 대롱대롱
03. 달랑달랑

＊ 낱말 찾아 문장 완성하기 2

01. 날렵하게
02. 차분하게
03. 상냥하게

＊ 낱말 찾아 문장 완성하기 3

01. 챙겼다
02. 맞췄다
03. 숙였다

＊ 낱말 찾아 문장 완성하기 4

01. 미뤘다
02. 닥쳤다
03. 놓쳤다

3-6 알맞게 띄어쓰기한 문장 고르기

01. ㉠   02. ㉠
03. ㉡   04. ㉡
05. ㉠

> **해설**
>
> 03 '사 오셨다'는 '사다'와 '오다'라는 각각의 뜻이
> 있으므로 띄어 씁니다.

3-7 헷갈리는 맞춤법 바로잡기

01. 뭐하니
02. 계신다
03. 예의
04. 씌웠다
05. 해돋이
06. 흰색

 **4단원** 44~55쪽

4-1 받침에 따라 달라지는 낱말

* 받침 넣어 글자 만들기
01. 갈   02. 강
03. 압   04. 앗

4-2 알맞은 받침 넣어 낱말 완성하기

01. 손   02. 솥
03. 팔   04. 팥
05. 문   06. 물

4-3 받침 넣어 낱말 완성하기

01. 버섯   02. 짚신
03. 달력   04. 꽃잎
05. 학용품   06. 발자국
07. 나뭇잎   08. 손전등
09. 실로폰   10. 얼룩말
11. 책꽂이   12. 윷놀이

4-4 어휘력 키우는 비슷한 말과 반대말

* 비슷한 말끼리 선 긋기

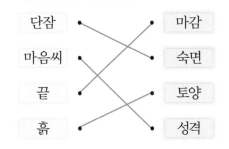

* 낱말 초성 퀴즈 1
01. 물감   02. 열쇠
03. 가수   04. 신호등

* 반대말끼리 선 긋기

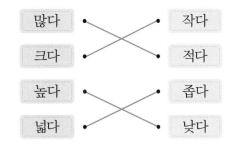

* 낱말 초성 퀴즈 2
01. 가위   02. 거울
03. 겨울   04. 실내화

4-5 표현력 키우는 다양한 낱말 익히기

* 낱말 찾아 문장 완성하기 1
01. 듬성듬성
02. 바글바글
03. 삐뚤삐뚤

* 낱말 찾아 문장 완성하기 2
01. 영리한
02. 용감한
03. 비겁한

* 낱말 찾아 문장 완성하기 3
01. 허약해
02. 힘센
03. 가벼운

* 낱말 찾아 문장 완성하기 4
01. 권했다
02. 달랬다
03. 넓혔다

4-6 알맞게 띄어쓰기한 문장 고르기

01. ㉠　　　　02. ㉡
03. ㉠　　　　04. ㉡
05. ㉡

해설

물건의 수를 세는 단위는 앞말과 띄어 씁니다. 그러므로 한 개를 의미하는 '한'은 모두 띄어 씁니다. 02 '한 그릇', 03 '한 송이'는 띄어 씁니다.

4-7 헷갈리는 맞춤법 바로잡기

01. 제일
02. 하려면
03. 설렜다
04. 만날
05. 귀고리
06. 더듬이

5단원　　　56~65쪽

5-1 여러 가지 모음 이해하기

* 여러 가지 모음 넣어 낱말 완성하기

01. 꽃게　　　　02. 앵무새
03. 왜가리　　　04. 외삼촌
05. 가재　　　　06. 냄비
07. 첼로　　　　08. 바퀴
09. 번데기　　　10. 소화기

5-2 어휘력 키우는 비슷한 말과 반대말

* 비슷한 말끼리 선 긋기

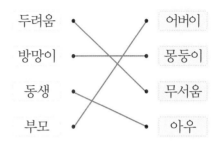

* 낱말 초성 퀴즈 1

01. 고드름　　　02. 공룡
03. 구두쇠　　　04. 심부름

* 반대말끼리 선 긋기

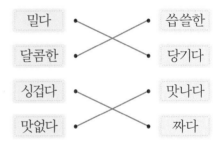

* 낱말 초성 퀴즈 2

01. 도서관　　　02. 자석
03. 마술사　　　04. 팥빙수

5-3 표현력 키우는 다양한 낱말 익히기

* 낱말 찾아 문장 완성하기 1

01. 글썽글썽
02. 주룩주룩
03. 훌쩍훌쩍

* 낱말 찾아 문장 완성하기 2

01. 짓궂은
02. 넉넉한
03. 모자라서

＊ 낱말 찾아 문장 완성하기 3

01. 붙이고

02. 찔렀다

03. 비추며

＊ 낱말 찾아 문장 완성하기 4

01. 낳았다

02. 닮았다

03. 앓았다

5-4 알맞게 띄어쓰기한 문장 고르기

01. ㉡   02. ㉡

03. ㉠   04. ㉠

05. ㉡

5-5 헷갈리는 맞춤법 바로잡기

01. 돌멩이

02. 책꽂이

03. 날아간다

04. 햇빛

05. 새까만

06. 숟가락

6단원 66~77쪽

6-1 쌍자음이 들어간 낱말 익히기

＊ 쌍자음 넣어 낱말 완성하기

01. 빨대   02. 씨름

03. 꼬리   04. 딸기

05. 뿌리   06. 뚜껑

07. 찌개   08. 썰매

09. 땅콩   10. 꽹과리

6-2 어휘력 키우는 비슷한 말과 반대말

＊ 비슷한 말끼리 선 긋기

＊ 낱말 초성 퀴즈 1

01. 우산   02. 달걀

03. 구름   04. 바다

＊ 반대말끼리 선 긋기

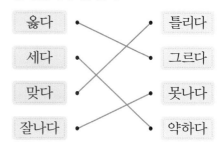

＊ 낱말 초성 퀴즈 2

01. 언덕   02. 낚시

03. 책상   04. 바늘

6-3 표현력 키우는 다양한 낱말 익히기

＊ 낱말 찾아 문장 완성하기 1

01. 콩닥콩닥

02. 쌔근쌔근

03. 갈팡질팡

＊ 낱말 찾아 문장 완성하기 2

01. 유익한

02. 개운한

03. 찜찜한

* 낱말 찾아 문장 완성하기 3

01. 불편한

02. 값비싼

03. 충분한

* 낱말 찾아 문장 완성하기 4

01. 맞혔다

02. 합쳤다

03. 나눴다

6-4 국어 공책에 바르게 띄어쓰기

* 국어 칸 공책에 바르게 옮겨 쓰기

01.

	좋	은		냄	새	가		방	에
가	득		찼	다	.				

02.

	어	머	나	!		깜	짝	이	야.
누	구	세	요	?					

6-5 문장 바르게 띄어쓰기

01.

	애	들	아	,		반	가	워	!
나	랑		같	이		놀	자	.	

02.

	무	슨		옷	이		그	렇	게
비	싸	니	?						

03.

	내	가		잠	깐		가	지	고
놀	아	도		돼	?				

04.

	도	시	락	을		오	순	도	순
함	께		먹	었	다	.			

6-6 헷갈리는 맞춤법 바르게 고치기

01. 깊이

02. 바뀌었다

03. 뭐라고

04. 싶다

05. 좋았다

6-7 글쓰기 실력 키우는 관용어 익히기

01. 새빨간

02. 하얗게

03. 까맣게

04. 배가

05. 이를

06. 어깨가

7단원 78~87쪽

7-1 우리 학교 장소 이름 맞히기

01. 과학실

02. 급식실

03. 보건실

04. 음악실

7-2 빈칸에 글자 넣어 낱말 완성하기

01. 금메달

02. 쓰레기

03. 캥거루

04. 쇠사슬

05. 애벌레

06. 멧돼지

7-3 어휘력 키우는 비슷한 말과 반대말

* 비슷한 말끼리 선 긋기

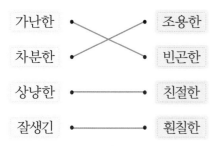

가난한 — 빈곤한
차분한 — 조용한
상냥한 — 친절한
잘생긴 — 훤칠한

* 낱말 초성 퀴즈 1

01. 도토리
02. 무지개
03. 솜사탕
04. 얼음

* 반대말끼리 선 긋기

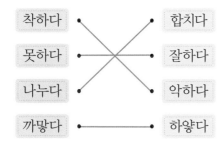

착하다 — 악하다
못하다 — 잘하다
나누다 — 합치다
까맣다 — 하얗다

* 낱말 초성 퀴즈 2

01. 우표
02. 음료수
03. 자동문
04. 장갑

7-4 표현력 키우는 다양한 낱말 익히기

* 낱말 찾아 문장 완성하기 1

01. 방글방글
02. 발름발름
03. 쫑긋쫑긋

* 낱말 찾아 문장 완성하기 2

01. 싱거워
02. 매콤한
03. 떫은

* 낱말 찾아 문장 완성하기 3

01. 모여서
02. 이끌고
03. 흩어져

* 낱말 찾아 문장 완성하기 4

01. 빚었다
02. 짓는다
03. 꽂았다

7-5 문장 바르게 띄어쓰기

01.

	커	다	란		솜	사	탕	이	
먹	고		싶	어	요	.			

02.

	하	루		동	안		너	무	
바	빴	어	요	.					

03.

	세	계		여	러		나	라	를
여	행	하	고		싶	다	.		

04.

	열	대	어		한		마	리	가
새	끼	를		낳	았	다	.		

7-6 헷갈리는 맞춤법 바르게 고치기

01. 샀다
02. 제발
03. 부엌
04. 시계
05. 저희

7-7 글쓰기 실력 키우는 관용어 익히기

01. 속을 02. 골탕을

03. 맛을 04. 손이

05. 입이 06. 목이

 8단원 88~97쪽

8-1 한글로 수량 세는 낱말 익히기

01. 넷 02. 다섯

03. 여섯 04. 일곱

05. 여덟 06. 아홉

07. 열

8-2 순서를 나타내는 낱말 익히기

01. 첫째 02. 둘째

03. 셋째 04. 넷째

05. 다섯째 06. 여섯째

07. 일곱째 08. 여덟째

09. 아홉째 10. 열째

8-3 어휘력 키우는 비슷한 말과 반대말

* 비슷한 말끼리 선 긋기

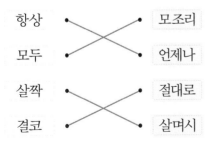

* 낱말 초성 퀴즈 1

01. 생일 02. 박수

03. 세배 04. 둥지

* 반대말끼리 선 긋기

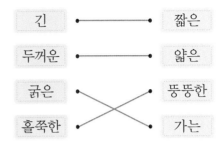

* 낱말 초성 퀴즈 2

01. 장난감 02. 지우개

03. 지진 04. 공깃돌

8-4 표현력 키우는 다양한 낱말 익히기

* 낱말 찾아 문장 완성하기 1

01. 오순도순

02. 소곤소곤

03. 옹알옹알

* 낱말 찾아 문장 완성하기 2

01. 얇은

02. 두꺼운

03. 얕은

* 낱말 찾아 문장 완성하기 3

01. 두툼한

02. 널찍한

03. 좁다란

* 낱말 찾아 문장 완성하기 4

01. 비켰다

02. 스쳤다

03. 헤맸다

8-5 문장 바르게 띄어쓰기

01.

	왜		그	렇	게		도	망	가
니	?								

02.

	깊	은		바	다	와		넓	은
들	판	이		펼	쳐	졌	다	.	

03.

	울	긋	불	긋		단	풍	이	
아	름	다	웠	다	.				

04.

	일	요	일	마	다		일	찍	
일	어	나	요	.					

8-6 헷갈리는 맞춤법 바르게 고치기

01. 거꾸로
02. 세모
03. 음료수
04. 모레
05. 달팽이

8-7 글쓰기 실력 키우는 관용어 익히기

01. 허리띠
02. 가슴
03. 귀
04. 한숨
05. 손
06. 꼬투리

9단원　　98~107쪽

9-1 겹받침이 있는 낱말 익히기

01. 끓다　　　　02. 밟다
03. 없다　　　　04. 짧다
05. 젊다　　　　06. 늙다
07. 읽다　　　　08. 앉다
09. 핥다　　　　10. 깎다

9-2 어휘력 키우는 비슷한 말과 반대말

* 비슷한 말끼리 선 긋기

무거운　　　　생생한
쌀쌀한　　　　묵직한
싱싱한　　　　싸늘한
희미한　　　　침침한

* 낱말 초성 퀴즈 1

01. 책꽂이　　　02. 치과
03. 칠판　　　　04. 선물

* 반대말끼리 선 긋기

충분한　　　　유쾌한
불쾌한　　　　편리한
단순한　　　　부족한
불편한　　　　복잡한

* 낱말 초성 퀴즈 2

01. 칫솔　　　　02. 태권도
03. 필통　　　　04. 줄넘기

9-3 표현력 키우는 다양한 낱말 익히기

＊낱말 찾아 문장 완성하기 1

01. 길쭉길쭉
02. 와글와글
03. 지글지글

＊낱말 찾아 문장 완성하기 2

01. 두려운
02. 불쾌한
03. 심각한

＊낱말 찾아 문장 완성하기 3

01. 굴렸다
02. 다퉜다
03. 속였다

＊낱말 찾아 문장 완성하기 4

01. 젓는다
02. 박는다
03. 싣는다

9-4 문장 바르게 띄어쓰기

01.

	우	는		동	생	을		꼭	
안	아		줬	어	요	.			

02.

	친	구	와		과	자	를		나
눠		먹	었	어	요	.			

03.

	너	의		여	덟		번	째	
생	일	을		축	하	해	.		

04.

	절	대		싸	우	면		안	
돼	요	.							

9-5 헷갈리는 맞춤법 바르게 고치기

01. 친구
02. 어두워
03. 덧셈
04. 맵다
05. 잃었다

9-6 글쓰기 실력 키우는 관용어 익히기

01. 홍당무
02. 파김치
03. 인심
04. 속이
05. 눈이
06. 입을

10단원　108~119쪽

10-1 친가 친척의 호칭 익히기

01. 고모
02. 고모부
03. 큰아버지
04. 큰어머니

10-2 외가 친척의 호칭 익히기

01. 이모
02. 이모부
03. 외삼촌
04. 외숙모

10-3 문장 부호 익히고 활용하기

* 알맞은 문장 부호 넣기

01. | ! |

02. | , | | ? |

03. | . |

04. | ' | | ' |

05. | " | | " |

10-4 어휘력 키우는 비슷한 말과 반대말

* 비슷한 말끼리 선 긋기

화나다 ●————● 성나다

뽐내다 ●   ● 멋있다

멋지다 ●   ● 뻐기다

탁하다 ●————● 부옇다

* 낱말 초성 퀴즈 1

01. 청소   02. 일기

03. 화분   04. 빨래

* 반대말끼리 선 긋기

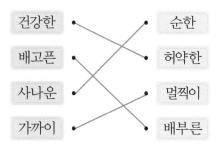

건강한 ●   ● 순한

배고픈 ●   ● 허약한

사나운 ●   ● 멀찍이

가까이 ●   ● 배부른

* 낱말 초성 퀴즈 2

01. 방울   02. 수족관

03. 지팡이   04. 미로

10-5 표현력 키우는 다양한 낱말 익히기

* 낱말 찾아 문장 완성하기 1

01. 첨벙첨벙

02. 움찔움찔

03. 조물조물

* 낱말 찾아 문장 완성하기 2

01. 신비로운

02. 지혜로운

03. 향기로운

* 낱말 찾아 문장 완성하기 3

01. 따스한

02. 화창한

03. 우중충한

* 낱말 찾아 문장 완성하기 4

01. 저물었다

02. 걷혔다

03. 물들었다

10-6 문장 바르게 띄어쓰기

01.

	할	머	니	께	서		밭	에
콩	을		심	으	셨	다	.	

02.

	하	루	에		동	화	책	을
두		권	씩		읽	는	다	.

03.

	맛	있	는		밥	을		해
주	셨	다	.					

04.

	나		혼	자		다		먹	을
거	다	.							

10-7 헷갈리는 맞춤법 바르게 고치기

01. 나들이
02. 졸음
03. 울음
04. 외톨이
05. 맡았다

10-8 글쓰기 실력 키우는 관용어 익히기

01. 찬물
02. 철석
03. 발등
04. 출출하다
05. 다시다
06. 더 뜨다

memo

매일 스스로 공부하는

맞춤법 어휘력

정답 및 해설

BM **Book Media** Group

성안당은 선진화된 출판 및 영상교육 시스템을 구축하고
항상 연구하는 자세로 독자 앞에 다가갑니다.